LUCA STEFANO CRISTINI

MORAT 1476

LA GUERRA ALL'ULTIMO SANGUE FRA CARLO IL TEMERARIO E I CONFEDERATI SVIZZERI

BATTLEFIELD 021

SOLDIERSHOP PUBLISHING

AUTORI

Luca Stefano Cristini, esperto conoscitore di guerre e storia del 600. Ha pubblicato un importante lavoro, su due tomi, dedicato alla guerra dei 30 anni (1618-1648) il primo mai stampato in Italia sull'argomento, giunto alla terza edizione.
Per le collane di Soldiershop ha realizzato numerosi titoli sia in veste di autore che di illustratore insieme ad altri storici. Ha diretto per diversi anni riviste nazionali specializzate di carattere storico e uniformologico. Ha al suo attivo numerose collaborazioni con i principali editori di materie storiche come Albertelli, DeAgostini, Mondadori (Focus) e Isomedia.

RINGRAZIAMENTI

Desidero ringraziare la disponibilità di Ugo Pozzati, Marc Mussat, Vittorio Gorini e altri che hanno messo a disposizione il loro materiale per completare l'iconografia di questo volume. Su tutti il mio ringraziamento particolare va però all'amico di vecchia data, Mario Venturi, che considero da sempre il Leonardo da Vinci del settore. Toscano come lui, e come lui geniale, versatile e creativo...

▲ La battaglia di Morat del 22 giugno 1476. Incisione di M. Disteli

ISBN: 9788893274555   1a edizione Maggio 2019
MORAT 1476 - la guerra all'ultimo sangue fra Carlo il Temerario e i confederati svizzeri
Testo e tavole a colori Di Luca Stefano Cristini
Editore: Luca Cristini Editore per i tipi di Soldiershop. Cover & Art Design: Luca S. Cristini.

INTRODUZIONE

LE GUERRE SVIZZERO BORGOGNONE

 e guerre borgognone furono un conflitto tra il duca di Borgogna e la dinastia dei Valois, sovrani di Francia, che per un gioco di alleanze si svolsero principalmente contro la Confederazione svizzera alleata dei francesi e dell'imperatore. La guerra ebbe inizio nel 1474 e terminò con la sconfitta e la morte del duca Carlo I detto il Temerario nella battaglia di Nancy del 5 gennaio 1477.

Il ducato di Borgogna cessò così di esistere ed i suoi territori finirono divisi fra la Francia e gli Asburgo. I sovrani borgognoni riuscirono per più di un secolo ad imporsi quali terza forza tra il Sacro Romano Impero e la Francia. I loro domini comprendevano un vasto territorio tra la patria di origine della Franca Contea, le importanti regioni economiche delle Fiandre e del Brabante ed il Lussemburgo. Lo stato di Borgogna si caratterizzò sempre per una politica aggressiva ed espansionistica nei confronti della vicina Alsazia e Lorena, cercando di unificare i possedimenti del nord con quelli meridionali.

Già in perenne conflitto con il re di Francia per la sua posizione filo inglese durante la Guerra dei Cent'anni, il duca finì col porsi in dissidio anche con gli Asburgo, in specie con l'imperatore Federico III d'Asburgo. Il conflitto prende il via dall'assedio posto dai borgognoni al ribelle arcivescovo di Colonia nella piazzaforte di Neuss nel 1474, assedio che si conclude in un disastro, nonostante l'esercito borgognone sia il più tecnologicamente avanzato del tempo, dotato di un'artiglieria da far invidia a tutti i suoi nemici. Subito dopo la Vecchia Confederazione Svizzera, le città alsaziane ed il duca Sigismondo d'Asburgo si unirono in una "lega anti-borgognona", finendo col conquistare parte del Giura borgognone (Franca Contea) grazie alla Battaglia di Héricourt, nel novembre del 1474.

A complicare ancor più le cose, nel 1474 gli svizzeri andarono all'assalto del Paese di Vaud, allora possedimento dei Savoia, storici alleati dei borgognoni. Gli eserciti cantonali guidati da Berna conquistano in breve tempo 16 città e 43 fortezze. In conseguenza a questa aggressione, la Borgogna, scende in guerra contro i confederati ben decisa a farla pagare cara agli insolenti elvetici.

In breve Carlo il Temerario si trovò stretto in una lotta mortale con molti, troppi nemici, e la recente e facile conquista dell'Alsazia e della Foresta Nera, fu dal duca di Borgogna reputato un inequivocabile segno della sorte; ma questa fortuna finì col distoglierlo dall'attenzione e dalla prudenza che avrebbe dovuto tenere. Tutto ciò rese più dispotico il suo già inflessibile carattere e così egli divenne presto intollerabile ai nuovi sudditi appena assoggettati. Offese il duca Sigismondo d'Austria e di conseguenza l'imperatore si inimicò con tutti, e tutti si unirono per combatterlo.

Tuttavia forte di un potere militare riconosciuto con la diplomazia e con le minacce, Carlo poté gestire i suoi potenti nemici in una sorta di tregua armata. Anche agli svizzeri, prima d'entrare con essi in una guerra all'ultimo sangue, offerse la pace: ed ecco che, mentre imperatore e Luigi XI, principali istigatori della guerra, si ritirano dal campo, la piccola e poco considerata Confederazione Svizzera respinge ogni accordo, rispondendo alle pacifiche proposte del duca con nuove provocazioni, assediando il citato Paese del Vaud. Questa guerra segnerà il periodo storico più glorioso per la Confederazione elvetica. Dopo le guerre borgognone, attraverso un periodo che durerà fino alla fine della guerra dei trent'anni, la Svizzera otterrà la sua completa indipendenza anche dall'impero, consolidando la sua fama di nazione guerriera invincibile.

INDICE

IL DUCATO DI BORGOGNA

Il ducato di Borgogna, sorse nel 1032 alla morte di Rodolfo II ultimo re di Borgogna, passato sotto la sorveglianza dei Zaringen nel 1127, e rivendicato infine all'impero da Rodolfo di Asburgo nel 1288. Questo ducato era stato di poco o nessun conto fino alla metà del XIV secolo quando esso fu reso appannaggio a Filippo, figlio del re di Francia Giovanni II. Nel 1369 questi aggiunse presto alle province donate dal padre, il Lussemburgo, le Fiandre e i Paesi Bassi grazie al matrimonio con la figlia del Duca di Malines. Veniva così a formarsi uno stato particolare per metà dipendente dalla corona di Francia e per buona parte facente capo all'impero (1). Una sorta di gigantessa mezzaluna inframezzata dalla Lorena dei d'Angiò. Col titolo di Filippo II detto il buono, il nuovo duca grazie ad una sapiente amministrazione, portò questo vasto principato ad un grado invidiabile di prosperità. Dotato di una moderna flotta capace di rivaleggiare con quelle di Francia e di Spagna; lo stato borgognone sviluppava un fiorente commercio con le città del Belgio, Liegi, Gand, Malines e Bruges già proverbiali per la loro opulenza; migliorò l'agricoltura, procurò vita agiata anche al popolino; in breve nessun principe in Europa era più ricco del duca di Borgogna.

Durante il lungo e pacifico governo di questo principe, (1419-1467) gli svizzeri ebbero sempre ottime relazioni con la Borgogna, di là traevano la maggior parte delle merci: vino, frumento e sale dando in cambio i prodotti del loro bestiame. Nel 1454, Filippo, visitò Berna dove fu splendidamente accolto, e pomposamente intrattenuto per nove giorni con fuochi d'artificio, giochi e festose dimostrazioni di ogni genere: giusta testimonianza di gratitudine per aver egli rifiutato alla nobiltà sveva il suo aiuto ad opprimere i Confederati, nella recente guerra civile. Questi buoni rapporti, benché confermati con una speciale alleanza nel 1467, siglati poco

▲ **Filippo di Borgogna** noto anche come **Filippo III** *il Buono* (Digione, 31 luglio 1396 – Bruges, 15 giugno 1467) è stato duca di Borgogna, conte di Borgogna (Franca Contea), Artois e Fiandre dal 1419 fino alla morte. Istituì il 10 gennaio 1430 l'Ordine del Toson d'oro per celebrare il proprio matrimonio con la principessa portoghese Isabella d'Aviz. Quadro di Rogier van der Weyden

1   dipendevano dall'Impero: il Lussemburgo, il Brabante, l'Olanda, il Limburgo: dalla Francia; il Belgio, l'Artois, il Gharolais, la Piccardia, Auxerre e Macon.

▲ Il Duca Carlo il Temerario riceve dei cortigiani a palazzo. Miniatura di Rogier van der Weyden dalle Cronache di Hainaut. A destra mappa dello stato borgognone al tempo della sua massima espansione.

prima che Filippo morisse (15 giugno), cessarono presto dopo che a lui successe il figlio Carlo, chiamato il Terribile per le prime sue imprese ed infine il Temerario per le ultime che lo portarono alla rovina e alla morte. Ostinato e arrogante fin da ragazzo, Carlo non ebbe mai l'affetto di suo padre: il quale, nel 1457 giunse quasi ad ucciderlo per una banale questione sorta fra due cortigiani, l'avrebbe trafitto con un colpo di spada se solo sua moglie e madre di Carlo, sorella del re di Portogallo, non si fosse posta di mezzo ad impedire la tragedia. Carlo fu allora allontanato dalla corte, con la grave accusa di aver tentato il parricidio. Più tardi tuttavia venne creato conte del Charolais, in tale contesto fu soggetto a giuramento di fedeltà nei confronti di re Luigi XI di Francia. Subito dopo però l'irrequieto Carlo iniziò a fare vedere i sorci verdi al sovrano di Francia, umiliandolo in diverse occasioni, giungendo persino a imprigionarlo e a trattarlo come una sorta di suddito. Entrato in conflitto con lui e spesso sconfitto accettò la pace al prezzo di 2.000.000 di scudi d'oro, oltre all'appannaggio delle città di Boulogne, Guines, Péronne, Montdidier e Roye (10 ottobre 1465). Divenuto duca, accelerò ancora di più il suo vecchio progetto di smembrare la Francia in tanti piccoli regni (2) in modo da poterla agevolmente dominare.

LO STATO BORGOGNONE DI CARLO IL TEMERARIO 1465-1477

Possessions de Charles le Téméraire

- Héritage de Philippe le Bon
- Traité de Conflans Villes de la Somme
- Gueldre et Zutphen reçus d'Arnold d' Egmont
- Occupation du duché de René II de Lorraine
- Haute Alsace, Breisgau et les 4 villes forestières
- Possessions branche Bourgogne-Nevers
- Évêchés ou territoires sous influence bourguignonne

Mer du Nord

Seign. Utrecht

Amsterdam
La Hague
Utrecht
Gueldre
Cté de Zutphen
Comté de Hollande
Cté de Cleves
Cté de Zelande
Middelbourg
Breda
Duché de Gueldre
Neuss
Cologne
Bruges
Anvers
Comté de Flandre
Gand
Malines
Duché de Brabant
Calais
Ypres
Bruxelles
Aix-la-Chapelle
Duché de Limbourg
Escaut
Principauté de Liège
Cté de Boulogne
Comté d'Artois
Liège
Empire romain
Cté St. Pol
Comté de
Tournai
Mons
Cté de Namur
Cté de Ponthieu
Arras
Hainaut
Dinant
Meuse
Francfort
Villes de la Somme
Cambrai
Duché de Luxembourg
Mayence
Cté de Eu
Péronne
Amiens
Moselle
Trèves
Comté de Vermandois
Luxembourg
Palatinat
Comté de Rethel
Reims
Verdun
Royaume de
Senlis
Metz
Conflans
Marne
Hagenau
Paris
Champagne
Duché de Bar
Lorraine
Ile de France
Montléry
Toul
Nancy
Strasbourg
Seine
Territoires de Champagne
Alsace
Troyes
Villemaur
Jaucourt
Sélestat
France
Isle-Aumont
Châtellenie de Bar-sur-Seine
Colmar
Fribourg
Chaource
Duché de Lorraine
Ensisheim
Breisgau
Orléans
Châtillon-sur-Seine
Luxeuil
Haute Alsace
Mulhouse
Comté d'Auxerre
Terres de Luxeuil
Loire
Héricourt
Bâle
Rhin
Berry
Dijon
Comté
Comté de Ferrette
Zurich
Comté de Nevers
Dole
Besançon
Baronnie de Donzy
Donzy
Nevers
de
Bern
Morat
Autun
Seigneurie de Salins
Bourgogne
Grandson
Duché de Bourgogne
Chalon-sur-Saône
Cantons Suisses
Comté de Charollais
Charolles
Bourbonnais
Comté de Mâcon
Mâcon
Genève
Savoie

▲ **TAV. A** Porta stendardo borgognone, si tratta di Rogues de Poix - Ciambellano del duca di Borgogna Giovanni "senza Paura" (Jean "sans Peur"), 1385-1419. Morì ad Azincourt nel 1415.

TRATTATO DI PÉRONNE

L'incontro che, nel 1468, portò alla firma del trattato di Péronne è voluto dal re di Francia. Il suo obiettivo era di evitare una pericolosa alleanza tra le forze borgognone e un esercito inglese di Edoardo IV (cognato del Duca di Borgogna avendo questi spostato in terze nozze Margherita di York). Da parte sua, il Duca spera di ottenere in cambio una giurisdizione sovrana sui suoi feudi francesi. Convinto di poter facilmente pilotare il duca di Borgogna, Luigi XI vuole discutere direttamente con lui i termini del trattato di pace. All'inizio esitante, il duca accetta l'incontro fissato a Péronne dove viene allestito il campo di Borgogna.

Il re è accompagnato da una scorta di meno di cento uomini, il 9 ottobre 1468, tra i quali il duca di Borbone e da suo fratello l'arcivescovo di Lione. Da parte sua, Carlo, forte della sua nutrita guarnigione ha il controllo totale della situazione. I trattati vengono comunque iniziati e discussi con una certa pacatezza e disponibilità quando si apprende che il 12 ottobre a Liegi è appena scoppiata una nuova insurrezione, chiaramente incoraggiata segretamente dal re di Francia. Si dice che ribelli hanno anche massacrato il

▲ Carlo I di Borgogna, detto il temerario, da giovane, intorno al 1460, con indosso l'Ordine del Toson d'Oro, dipinto da Rogier van der Weyden

governatore della Borgogna Humbercourt e il vescovo di Liegi poi a Tongeren (si saprà poi che i due uomini erano stati effettivamente catturati, ma che entrambi riusciranno poi a fuggire o ad ottenere la libertà). Arrabbiato per la doppiezza di re Luigi, il duca di Borgogna chiuse le porte del castello e della città di Péronne raddoppiandone la guardia. Luigi XI rimase quindi intrappolato, prigioniero e alla mercé del suo potente cugino e avversario. La situazione rischia di diventare drammatica, ed il re, sentendo la sua vita in pericolo e per placare il duca, gli fa sapere che è pronto ad accompagnarlo in una spedizione punitiva contro Liegi. Carlo ancora non si fida e mette alle strette il re di Francia che non ha scelte. Così, la mattina del 14 ottobre 1468, dopo un tempestoso colloquio tra i due monarchi, Luigi e Carlo giurarono il trattato di pace sulla "croce della vittoria" di Carlo Magno. Il giorno dopo, come promesso da Luigi, partono insieme per Liegi per sedare la ribellione. Per il re di Francia questa rappresenta una vera e propria umiliazione poiché, nel farlo, garantisce la Borgogna nella sua azione. Il trattato di Péronne sarà oggetto di 42 lettere di brevetto del re, ed è lo stesso duca Carlo

2   Egli amava ripetere spesso ai suoi: Invece d'un solo, io vorrei in Francia dieci re.

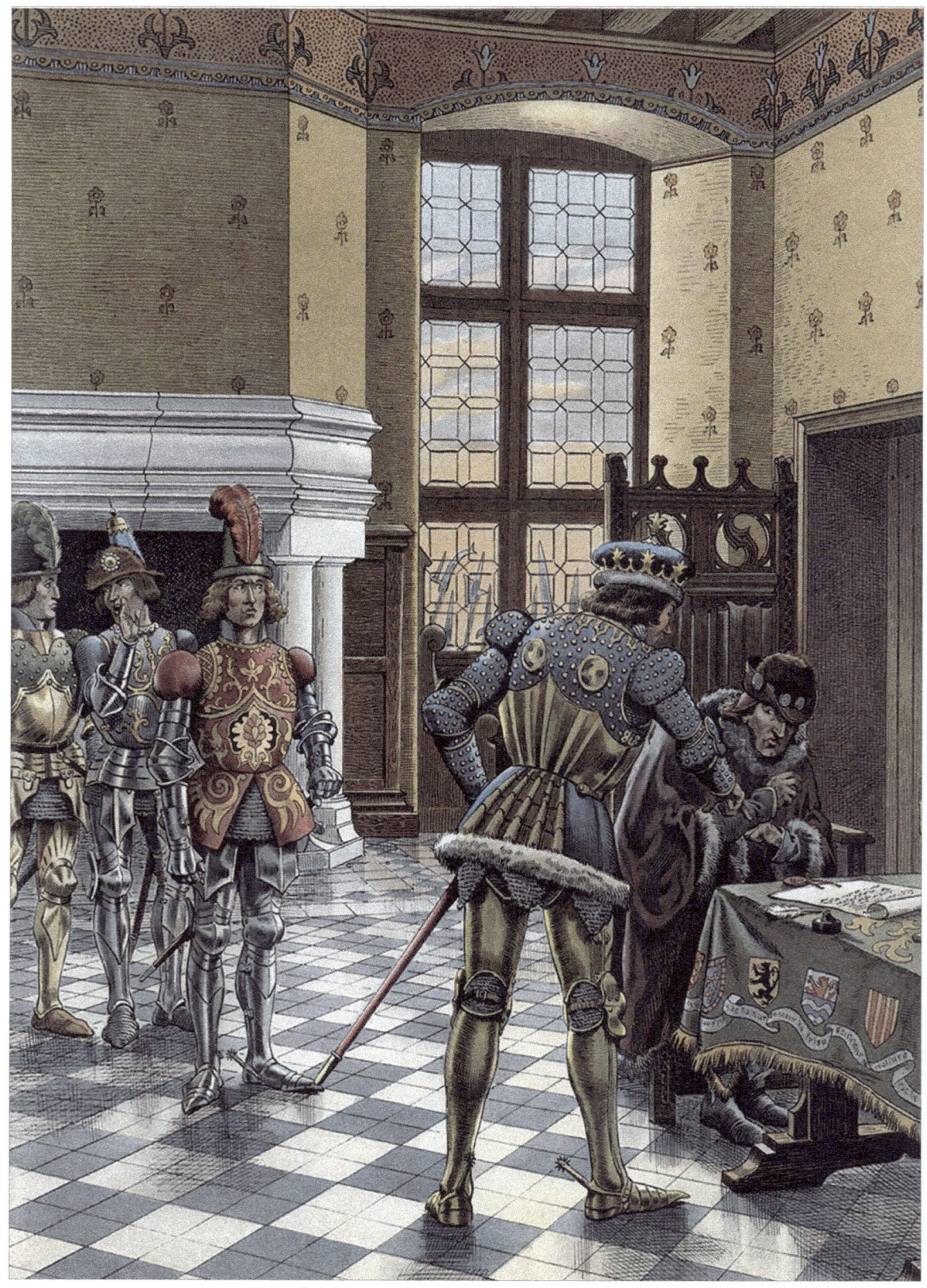

▲ Il duca di Borgogna, umilia re Luigi XI suo prigioniero di fatto obbligandolo a sottoscrivere il trattato di Péronne. Tavola di Job, collezione dell'autore

▲ Edoardo IV di York (Rouen, 28 aprile 1442 – Londra, 9 aprile 1483) re d'Inghilterra dal 1461 al 1483, con un'interruzione di circa 5 mesi e mezzo nel periodo a cavallo tra il 1470–1471, quando tornò sul trono Enrico VI. A destra sua sorella, Margherita di York (1446 – 1503) fu duchessa di Borgogna e terza moglie di Carlo I.

che sorveglierà, a Bruxelles nel dicembre del 1468, la stesura di queste lettere contenenti le clausole del trattato. Questo confermerà il trattato di Arras del 1435 e il trattato di Conflans del 1465 (migliorato per la Borgogna da alcuni vantaggi territoriali). Conferma quindi la *linea della Somme* come confine tra la Francia e le terre della Borgogna (le città della Somme sono confermate appannaggio alla Borgogna).

Il Duca si fa affidare diritti e opta per misure che sottolineano la sua volontà di creare uno stato indipendente, in cui sarà il solo padrone della giustizia. Inoltre, lo Champagne e il Brie sono dati in appannaggio a Carlo di Francia, fratello del re ma alleato del duca, offrendo così a questo un passaggio tra Borgogna e i suoi stati del Nord. Dopo Liegi, finalmente Luigi XI riesce a far ritorno in Francia "come una volpe coperta di fango è riuscito a sfuggire alla tana del Lupo", determinato a rimangiarsi tutto appena possibile.

Per quanto riguarda Carlo il temerario, egli raggiunse in quegli anni l'apogeo del suo potere che mantenne per almeno cinque anni buoni.

Questi tratti dimostrano abbastanza bene come Carlo duca di Borgogna fosse attivo, instancabile, pieno d'energia; ma allo stesso tempo crudele, sleale, insofferente anche di quelle leggi da lui stesso approvate. Tuttavia non era alieno dalle severe pratiche religiose: digiunava regolarmente durante la quaresima, faceva pellegrinaggi, amava la pompa del culto ecclesiale, era assai solerte alle pratiche tradizionali dei cristiani; ovunque andasse, si faceva sempre portare una magnifica cappella, realizzata da grandi artisti fiamminghi, per il servizio divino, al quale interveniva sempre con solerzia e scrupolo.

Carlo era insomma un fedele seguace di Dio, ma anche assai affine alla scienza politica del Macchiavelli, separando a seconda dei suoi interessi la legge civile dalla legge di Dio, ponendo come suo principio fondamentale: *"poter un principe, qual persona privata, aver religione, sentir rimorsi, confessarsi e fare penitenza ; ma non come governo del suo paese: in quanto tale egli (il principe) non deve provar ripugnanza alcuna per quanto contraria alla coscienza privata."*

Una politica questa, che sostituisce, quale base della giustizia, il volere dell'autorità civile al volere supremo di Dio. A questi dettami si ispirava il duca di Borgogna, ed era normale il vederlo, nella pratica, usare

▲ Stemma araldico di Carlo I di Borgogna

la frode senza maschera, e lo spergiuro senza veli: queste erano le principali caratteristiche del suo carattere impetuoso. Il re di Francia. Luigi, poiché per natura più calmo e prudente, alla fine ebbe un esito migliore e vinse la sfida.

Carlo mirava di fondare attorno alle Alpi un nuovo regno capace di dominare l'Europa centrale. Il re d'Inghilterra Edoardo IV, di cui il duca aveva sposato in terze nozze una sorella, lo doveva aiutare nell'impresa, ricevendone in premio la parte occidentale della Francia. Mentre il rimanente di questo paese, la Provenza che sperava di comperare dal vecchio duca Renato d' Angiò, (3) la Svizzera, la Lorena, l'Alsazia e la Foresta Nera (queste ultime già opportunamente conquistate), il ducato di Milano da sottrarre all'ingrato Galeazzo Sforza (4), e finalmente quant'altro avrebbe potuto conquistare sulla destra del Reno, dovevano tutte essere province del suo potente nuovo regno. Tutto, grazie a un milione e mezzo di scudi da spendere all'anno, 50.000 soldati di esercito permanente (5) e altrettanti di truppe mercenarie, truppe rinforzate da mille sofisticate bocche da fuoco, vanto militare della Borgogna! Per portare a termine questo piano ambizioso il re di Francia rappresentava il primo ostacolo da togliere di mezzo; l'imperatore, il primo "amico" da ingannare; la Svizzera il più forte baluardo da assoggettare per farne un argine insuperabile contro la feroce orda germanica dell'impero, se mai, accorgendosi d'aver perduto il primato, tentasse di recuperarlo. Alle difficoltà di attuare questo piano, Carlo non ci pensava, persuaso che la fortuna già riconosciuta tanto amica unita alla sua fama di invincibile avrebbero certo spianato la via ad ogni impresa.

---

3   Re titolare di Sicilia.
4   Figlio e successore di Francesco Sforza: egli era indeciso a qual partito darsi se a Carlo o a Luigi XI.
5   Carlo fu il primo ad introdurre esercito permanente nei suoi stati. L'istituzione dei Giannizzeri presso
       i turchi gli servì come modello.

▲ Battaglia di Montlhéry del 16 luglio 1465 inserita in quel lungo periodo di guerre combattute e no fra la Francia e la Borgogna. In questa occasione Carlo si cimentò con tanto coraggio da rimanere ferito nella battaglia. Fu proprio la cicatrice qui rimediata a permettere il riconoscimento del suo cadavere a nancy. Disegno di Job

▲ **TAV. B**   Il duca di Borgogna Carlo "il Temerario" (Charles "le Téméraire"), 1433 - 1477.

IL GOVERNO DI HAGENBACH

INTRIGHI DI LUIGI XI E ALLEANZE

l primo passo necessario al compimento dei suoi disegni, consisteva per Carlo nel rendere il suo stato più compatto, con lo stabilire leggi, diritti, regime, usanze uguali in tutte le province; compito che non dovette apparirgli troppo complesso, pratica che già in maniera schiacciante, aveva imposto i costumi borgognoni alle città del Belgio. Spedì pertanto nell'Alsazia e nella Foresta Nera come Governatore il suo vecchio e fidato amico d'infanzia il ministro Pietro di Hagenbach, uomo impetuoso, inflessibile, crudele, capace insomma di mettere in pratica senza troppi indugi le idee del suo signore, perché fatto del suo medesimo stampo.

Questi, nei primi mesi della sua amministrazione, tolse bruscamente non poche usanze divenute connaturali alla vita del popolo, il quale cominciò presto a mugugnare.

Riformò i tribunali, regolandoli tutti alla maniera aristocratica della Borgogna; e ciò fu giudicato un negare la giustizia da taluni, o peggio brutale spoliazione da altri. Le città, che con grave dispendio e sacrifico avevano comperato da Sigismondo d'Asburgo la giurisdizione giudiziale sulle campagne, ed i nobili che si vedevano tolti i loro antichi privilegi, mostrarono tutto il loro malcontento. Hagenbach per tutta riposta, prudentemente si fece circondare da un corpo di truppe fidate per piegare, come diceva, con la forza, le dure cervici tedesche. Gli stessi metodi vennero ovviamente riservati ai democratici svizzeri confinanti.

Sin dalla primavera del 1470 ordinò al suo luogotenente nel Laufenburg di inalberare la bandiera di Borgogna su un castello dei Bernesi nell'Argovia, senz'altra ragione che la solita dei prepotenti smaniosi di umiliare sudditi e sottoposti. Questa violazione di territorio, aggiunta allo scopo manifestamente ostile per cui i paesi al di là del Reno erano stati ricevuti dalla Borgogna, avrebbe certamente provocato immediata reazione e vivaci rappresaglie, se la Confederazione non si fosse allora trovata sconvolta da una gravissima contesa sorta a Berna tra le famiglie nobili e le borghesi. Contesa, che minacciava nelle fondamenta la stessa vita della capitale morale della Confederazione, da tempo prima città svizzera, avendo fornito ai confederati il più numeroso contingente di truppe.

I Cantoni quindi di adoperarono per redimere questo scontro nato nel momento sbagliato, in modo da farsi trovare invece pronti in maniera adeguata per far rispettare i loro confini. Per favorire tutto ciò, spedirono ambasciatori al re di Francia, allo scopo di concertare con lui un'alleanza di fatto contro il duca di Borgogna. I magistrati bernesi, considerati maestri nella pratica delle lingue furono incaricati delle trattative (luglio 1470).

Carlo fu quindi spiazzato dalla tempistica. Egli voleva sì da tempo romperla con gli svizzeri e muovere loro guerra; ma solo dopo essersene servito nell'abbattere prima la Francia, contro cui stava affilando le armi. Cercò quindi diplomaticamente una riappacificazione.

Come primo atto benevolo ordinò si togliesse la bandiera innalzata, affermò, a sua insaputa sul territorio svizzero.

Incaricò Adriano di Buhenherg, grande amico di suo padre e anche suo, di recuperare l'ambasciata benevola nei confronti dei Cantoni. L'autorità che questi, come figlio di Enrico il

1460—1480. Frauentracht 1480. Karl der Kühne 1477.

▲ Costumi borgognoni e francesi della seconda metà del XV secolo. Disegni di Braun e Schneider.

pacificatore, godeva da sempre presso gli Stati Confederati, gli valse a formare, nella Svizzera orientale, un forte partito favorevole alla Borgogna; e se Friburgo, Soletta e Berna non si fossero energicamente opposte, Carlo avrebbe certamente raggiunto il suo intento. Infatti i cantoni di Waldstetten, Zug, Glarona, Lucerna e Zurigo coi loro alleati, preferivano l'amicizia d'un principe vicino e forte, a quella di un re lontano barcollante sul trono di Francia; inesperti degli uomini come pure delle vie della politica, essi non potevano credere che il duca di Borgogna li volesse tradire: tanto più che un uomo stimato quale era Adriano di Buhenherg li rassicurava totalmente. Nacque allora tra i principali fautori di Carlo da una parte, e di Luigi dall'altra, una lotta partigiana mai vista prima fra gli svizzeri.

La corruzione, la seduzione, la calunnia, la maldicenza e l'inganno furono argomenti adoperati abbondantemente da ciascuno dei contendenti per averla vinta.

Alla fine, gli amici della Francia, capitanati da Nicola di Diessbach ciambellano del re o scoltetto (nella gerarchia feudale era l'incaricato di far applicare le decisioni del signore) di Berna, la vinsero: il Buhenherg, escluso dagli affari, fu alla fine relegato nelle sue terre (1471); lontano lui, la simpatia per la Borgogna scomparve presto e la politica disastrosa di Hagenbach non fece che accelerare questo fallimento.

Scoppiava intanto la guerra decisiva, e più volte minacciata tra Carlo e Luigi di Francia: Hagenbach, continuando a non preoccuparsi dei malumori e dei diritti dei suoi sudditi, li costrinse ad arruolarsi contro la Francia, li obbligò a fornire denaro e vettovaglie, condannandoli a lavorare anche nei giorni di festa, senz'altra paga che maltrattamenti. Forzandoli a riparare le mura delle città e ad erigere opere di fortificazione lungo il Reno. Egli divenne presto sempre più insopportabile. Alsaziani e svizzeri, per odio comune contro di lui, si fecero alla fine amici, e tutti insieme chiesero al duca che ponesse fine a tante ingiustizie. Carlo, forte della sua arroganza disse chiaro e tondo ai deputati di tale richiesta che il ministro Hagenbach non era là per fare la volontà d'altri che non la sua sola. I primi rovesci militari tuttavia gli consigliarono alla fine di adottare atteggiamenti più prudenti e di smetterla per il momento di portare avanti il suo atteggiamento da despota.

E difatti, come mai avrebbe potuto vincere gli svizzeri, soffocare una rivolta in Alsazia se mai fosse scoppiata, mentre gli riusciva già cosa dura abbattere il debole re di Francia ?

Spedì quindi ovunque ambasciatori a placare i Cantoni; promise per l'avvenire buona giu-

▲ Peter von Hagenbach occupa la città di Breisach e nomina un nuovo consiglio, 1474.
Cronache di B.Shilling Wikipedia fonti.

▲ **TAV. C** Balestriere con palvese e nobile borgognone

stizia o sicurezza per tutti; giunse persino a obbligare Hagenbach a presentare le sue scuse in una dieta convocata a Costanza. Con ciò Carlo ottenne di calmare gli animi di molti. Istruito poi dalle passate umiliazioni che l'avevano costretto alla tregua di Senlis (1472), egli studiò piani alternativi per ottenere comunque quanto si era ripromesso!

Mentre dunque il cognato Edoardo si rinfrancava (6) sul trono d' Inghilterra e preparava le forze necessarie a vincere la Francia, egli operò per guadagnarsi anche l'appoggio dell' impero.

A questo fine, propose di dare l'unica sua figlia Maria, erede de' suoi feudi e delle sue immense ricchezze, in moglie al giovane Massimiliano, figlio dell'imperatore, a patto di riceverne in ricambio la dignità di re e l'autorità di vicario imperiale per tutti i paesi sulla sinistra del Reno. Il piano trovo l'entusiasta adesione dell'imperatore Federico che non si accorse del fatto che il duca volesse ingannarlo. Non solo, il duca prefigurava anzi anche di anticipare la conquista dei feudi proponendo il suo stesso nome alla cattedra di imperatore del sacro Romano Impero.

Con tale autorità Carlo avrebbe potuto trascinare le forze dell'impero contro chiunque ne ostacolasse la sua ambizione. In tale situazione, Carlo era ormai un pericolo dichiarato

▲ Federico III d'Asburgo (1415 – 1493). Col titolo di duca asburgico d'Austria divenne Federico V (1424), Federico IV come re tedesco e infine Federico III con l'incoronazione ad imperatore del Sacro Romano Impero. Padre di Massimiliano d'Austria marito di Maria di Borgogna, figlia unica di Carlo il Temerario. Quadro di Hans Burgkmair

per i Cantoni: Berna lo comprese per prima: a persuaderne tutti gli altri non tardarono le stupide insolenze dell'Hagenbach. Questi, credendosi ormai sicuro di potersi vendicare della umiliazione subite a Costanza in occasione delle scuse forzate per la diplomazia, dovute per necessità politica, prese con tutti un contegno minaccioso, ancor più dispotico e tirannico del passato. A riguardo degli svizzeri, egli si vantava pubblicamente che presto avrebbe: *"spazzato la stalla dalle vacche"*.

Che a Bertoud e a Thun avrebbe spedito suoi sotto ufficiali ad istruire per bene con lo scudiscio quei contadini ignoranti e insolenti; che avrebbe persino scorticato l'orso di Berna, e con la sua pelle ricavatone un berretto per sè, ed infine che sulla cima delle Alpi presto avreb-

6   Edoardo regnava in Inghilterra già dal 1461, dopo avere, con una rivoluzione, spodestato dal trono Enrico VI, sotto il quale era stata bruciata Giovanna d'Arco la gloriosa salvatrice della Francia, nel 1431. Gli amici di costui tentarono, nel 1470, una contro-rivoluzione per rimetterlo sul trono: il colpo però fallì. L'infelice Enrico cadde (1471) sotto il pugnale di Edoardo suo parente. Luigi XI sosteneva Enrico, benché fosse stato il più grande nemico della Francia: per questo non mancavano ad Edoardo i motivi di assecondare l'odio di Carlo contro quel re.

be sventolato solo la gloriosa bandiera di Borgogna! Tutti quanti furono piegati al suo volere, annullò d'arbitrio tutti i contratti già sottoscritti da Sigismondo. Furono cacciati tutti quei sudditi considerati reietti. Ma fu nei confronti di Muhlhausen, molto legata agli svizzeri, che le sue angherie toccarono l'estremo della tirannia.

I Cantoni indissero allora pubbliche preghiere: Uri, Unterwald e Lucerna strinsero alleanza con quelli dell'Alto Vallese; gli abitanti dell'Alsazia supplicarono Sigismondo d'Asburgo di liberarli da quella oppressione peggiore della morte. Tuttavia nessuno osava prendere l'iniziativa. Carlo conservava sempre un accordo con l'imperatore che gli faceva da scudo e lo assicurava indirettamente in tutti i suoi voleri.

▲ La sfarzosa festa in onore dell'imperatore Federico III d'Asburgo per organizzare il matrimonio della figlia di Carlo di Borgogna. L'imperatore si sentì quasi prigioniero tanto che in un momento di distrazione colse l'occasione per fuggire in Barca. Cronache di B.Schilling. Wikipedia fonti.

Il solo Luigi XI li combatteva entrambi senza se e senza ma. Intanto l'imperatore e Carlo si erano dati appuntamento a Treviri per concludere l'accordo matrimoniale già citato, e alle quali entrambi guardavano con molta premura. L'incontro fra i due fu portato avanti in pompa magna il 22 settembre 1473. Carlo vi giunse per secondo, accompagnato da 8.000 cavalieri ricoperti delle armature le più vistose che mai si erano viste in Europa.

Federico si rese subito conto dello sfavorevole rapporto di forza che si era stabilito sin dall'inizio in quell'incontro. Il duca mostrò subito quali fossero i suoi desiderata, mentre era assai meno puntuale e attento in merito ai doveri che prevedevano la causa nobilissima del convegno. L'imperatore sempre più infastidito, e sospettoso di tale arrogante atteggiamento, con una scusa si sottrasse in anticipo alla riunione, e con una mezza fuga fece ritorno a Colonia nascondendosi in una modesta imbarcazione di pescatori renani.

L'ira di Carlo e la gioia di re Luigi alla notizia di questo fallimento si poterono solo immaginare...Scornato, Carlo il temerario, umiliato da questo infame atteggiamento pensò bene che l'unico modo di uscire dall'onta subita era quella di prendere le armi contro tutta questa gente. Chiese quindi all'alleato inglese di dare inizio alle operazioni contro il re di Francia, mentre lui si sarebbe rivolto contro l'imperatore, approfittando della contesa sorta fra Roberto di Ba-

Burgunder (1470).

▲ Soldati borgognoni della seconda metà del XV secolo. Disegni di Braun e Schneider. Collezione. Dell'autore.

▲ **TAV. D** Armati del Cantone di Unterwalden pregano prima della battaglia di Nancy, 1477.

viera arcivescovo deposto ed Ermanno d'Assia, il competitore scelto da Federico.

Carlo diede quindi fuoco a quelle polveri che alla fine determineranno la sua fine assalendo per primo l'elettorato di Colonia, per fare di ripicca a Federico e impadronirsi di quell'importante contrada. Partito da Treviri e con l'umore nero, raccolse attorno a sé un munito esercito. Si fece raggiungere da soldati provenienti dalla Lombardia, da Napoli, dalla Sicilia, rinforzò le piazze di frontiera verso la Francia, e all'inizio di marzo del 1471, con un'armata di ben 60.000 uomini e 400 cannoni, si portò verso il basso Reno per stringere d'assedio la cittadella di Neuss, fortissimo baluardo ove il ribelle arcivescovo elettore Ermanno si era riparato con una piccola ma agguerrita

▲ L'assedio della città di Neuss, fu la scintilla che fece da innesco alle guerre borgognone. Carlo con smisurata fiducia nelle sue forze vi si gettò senza prudenza e calcolo dei rischi.

guarnigione di 1.800 soldati, risoluti di farsi seppellire sotto le rovine delle torri, piuttosto che cedere un passo al borgognone.

Carlo si era buttato in un azzardo sicuramente più grande di quanto potesse immaginarsi.

Circondato di nemici, con la Francia ostile, alle spalle; con gli svizzeri mobilitati sui fianchi e con il suo unico alleato ancora parecchio distante e separato da un mare infido, Carlo completamente fuori di sé venne da allora apostrofato col nuovo soprannome di Temerario in aggiunta a quello storico di Terribile.

Le speranze dei suoi nemici, aizzati in primis dal re di Francia, di farla finita una volta per tutte con questo vicino dittatore erano ben argomentate.

Sullo scorcio del 1473 i Cantoni si mossero per primi, inviando alla corte del duca, che stava ritornando da Treviri verso la Borgogna, due messi, per chiedergli soddisfazione delle minacce contro di loro e delle angherie contro Muhlhausen portate avanti dall'instancabile Hagenbach. Carlo li ricevette col solito cerimoniale della sua corte, e anche con una certa disponibilità (7).

---

7   Chiunque si presentasse al duca, doveva prostrarsi in ginocchio. A questa cerimonia dovettero soggettarsi anche gli ambasciatori svizzeri, non per disprezzo che Carlo mostrasse, ma in forza di un'usanza comune a tutti.

Ciononostante tra i confederati fu sparsa la voce che il duca accogliesse i messi con modi ingiuriosi, lasciandoli a lungo ginocchioni senza degnarli neanche di uno sguardo, facendoli aspettare a lungo prima d'ascoltarli. Vera o no, che fosse questa narrazione questa finì per fare il gioco dei partigiani di re Luigi. Questi, nel gennaio del 1471, per avere dalla sua parte anche i Cantoni orientali fece preparare un piano a Nicola Diessbach. In base agli accordi di questo piano, il re offriva agli svizzeri 20.000 franchi all'anno in tempo di pace, e 80.000 fiorini in tempo di guerra, per tutta la durata della sua vita, se gli svizzeri si fossero allora impegnati ad assalire la Borgogna.

Tuttavia una grave difficoltà si opponeva a un simile trattato. Gli svizzeri non potevano avventurarsi di là del Giura, se prima non fossero stati completamente assicurati dalla parte del confine con l'Austria. Luigi aveva però già previsto questa variabile.

Incaricò allora l'abile prevosto di Beromunster di superarla. Questi su invito del re di Francia, si recò a Innsbruck, fece intravvedere a Sigismondo il pericolo di perdere per sempre l'Alsazia, già ridotta alla disperazione dalla tirannia di Hagenbach, se egli non si fosse adeguatamente mosso, riscattando gli accordi con Carlo. All'Asburgo vennero anche offerte le somme di danaro necessarie per ritornare in possesso della regione contesa. A questo si aggiunse l'appoggio diretto dello stesso sovrano francese nel caso Carlo si rifiutasse alla sua richiesta. A Sigismondo vennero anche bene evidenziati i vantaggi di una buona amicizia coi Cantoni esortandolo a far pace perpetua con essi ed a guadagnarseli per l'avvenire, dato che per la casa d'Asburgo nessun'altro miglior "muro" avrebbe potuto trovare contro le mire ambiziose ormai note della Borgogna. Lo zelante diplomatico tenne analoghi discorsi anche agli svizzeri e a tutte le città renane coinvolte, e anche grazie all'aiuto dei vescovi di Basilea e di Costanza, poté dare vita ad una triplice lega, conosciuta sotto il nome di Convenzione perpetua.

Questa alleanza poneva fine per sempre alle secolari contese (8), raccoglieva la Svizzera, l'Austria e le città libere intorno al Reno in una poderosa forza creata ai danni di Carlo il Temerario. Con questo trattato che fu concluso in Costanza il 30 marzo 1474, e di cui il re di Francia garantiva la completa osservanza, gli svizzeri venivano autorizzati ad occupare subito quattro città forestiere (9) appena fosse scoppiata la guerra. Alcune città renane (10) intanto si obbligavano verso Sigismondo a fornirgli, sotto cauzione di re Luigi, il denaro per il riscatto delle due province tiranneggiate. Pochi giorni dopo, 80.000 fiorini risultavano quindi depositati in Basilea a disposizione del duca di Borgogna.

La pubblicazione di questi accordi produsse dappertutto una comprensibile gioia; tanto più sincera nei Cantoni, anche se alla gente non sfuggiva che la pace perpetua da una parte l'avrebbe con molta probabilità condotta a guerra colossale e all'ultimo sangue dall'altra. Sigismondo, recatosi ad Einsiedeln per le devozioni della Pasqua, fu acclamato con entusiasmo durante tutto il viaggio, ed entusiasticamente ricevuto dai pastori di Svitto, accorsi attraverso i monti a stringergli la mano. Nell'Alsazia il sole nascente della riconquistata libertà produsse un generale stato d'animo favorevole.

---

8   Le vecchie contese riguardavano l'Argovia, la Turgovia e tutti gli altri luoghi che nei tempi erano stati tolti dagli svizzeri all'Austria. Sigismondo vi rinunciava per sempre. Per le future possibili contese si elessero arbitri inappellabili i vescovi di Costanza e di Basilea.

9   Waldshut, Laufenburg, Sakingen e Rheinfelden.

10   Basilea, Colmar, Schlettstad, Strasburgo.

▲ L'oro e il denaro furono i veri protagonisti delle complesse trattative nel gioco dell'alleanza durante tutta la guerra. Nell'immagine dobloni d'oro borgognoni coniati a Bruges nel 1475.

Hagenbach tentò dalle sue di garantire la sua autorità, ma la gente stufa di essere vessata diede il via alla ribellione, cacciando l'odiato amministratore. I ribelli lo respinsero da Einsisheim; aiutate dai Bernesi, gli chiusero la via di Montbéliard chiave del Giura di cui tentava impadronirsi. Hagenbach corse allora con 800 Fiamminghi su Breisach luogo strategicamente ben difeso per natura e vi stabilì la sua difesa. Appena preso possesso della piazzaforte il giorno del sabato santo, temendo una sommossa dei cittadini, proibì che nel seguente giorno di Pasqua, si portasse la spada come era allora d'uso fra tutti i tedeschi nelle feste solenni. Tale ordinanza ebbe solo l'effetto di far precipitare le cose. Hagenbach, finì quindi abbandonato anche dai suoi, catturato a furor di popolo, fu coperto di ingiurie e gettato in carcere, e dopo alcune settimane di orribili patimenti, fu processato e condannato a morte da un tribunale composto di 26 giudici fatti venire dalle città vicine, Il maldestro uomo del duca fu decapitato a notte inoltrata sulla pubblica piazza di Breisach, alla presenza di tutto il popolo plaudente e smanioso di assistere al supplizio di questo uomo tanto odiato. Sigismondo accorse subito sul luogo, e fece occupare il luogo dalle sue truppe.

Carlo fu subito informato di questi, per lui cupi accadimenti mentre si trovava impegnato nell'assedio sotto le mura di Neuss. Capì immediatamente che dietro a tutto ciò c'era la mano del suo indomito nemico francese.

Tuttavia impegnato com'era nell'assedio di Neuss non poteva al momento fare nulla. Abbandonare tale impresa avrebbe significato per lui onta e sconfitta. Staccare una parte importante del suo esercito e mandarla a reprimere l'Alsazia non fu considerato prudente.

Allo stesso modo sguarnire le sue guarnigioni ai confini verso la Francia, era un'altra eventualità che non si poteva prendere in considerazione. Carlo si rese finalmente conto solo allora del pericoloso azzardo nel quale si era cacciato. Decidette quindi come prima mossa di sconfiggere i suoi nemici tenendo a bada il più possibile i temibili svizzeri.

Puntando nuovamente sulla diplomazia mandò sollecitamente nuovi ambasciatori in Svizzera, i quali, percorrendo ogni Cantone, vi facessero opera di convincimento delle sue buone

Burgunder (1470).

▲ Soldati borgognoni della seconda metà del XV secolo. Disegni di Braun e Schneider. Collezione. Dell'autore.

intenzioni nei loro confronti. Questi, anche grazie all'oro di cui erano portatori, riuscirono per qualche mese a quietare le acque per lo meno in diversi cantoni. Purtroppo per i colori di Borgogna era comunque troppo tardi, la crisi non poteva più essere assorbita. Alla fresca memoria dei soprusi del Hagenbach, agli intrighi di Luigi XI, alla influenza dei Diessbach, si era aggiunta anche l'autorità dell'imperatore.

In suo nome e in quello da lui rappresentato del sacro romano impero di cui gli svizzeri si riconoscevano membri, si richiedeva l'aiuto a far sgombrare l'elettorato di Colonia e la provincia alsaziana di Sigismondo (11) recente alleato da ogni presenza borgognona. La guerra poteva ancora essere ritardata ma non più impedita. Alla fine questa fu sostanzialmente dichiarata a seguito delle decisioni prese

Fußknechte.

▲ Soldati della Confederazione svizzera della seconda metà del XV secolo. Disegni di Braun e Schneider. Collezione. Dell'autore.

dalla dieta di Lucerna il 21 ottobre del 1474. Il giorno dopo tali decisioni furono intimate al duca di Borgogna direttamente dalla città di Berna. In rappresentanza sua, dei cantoni alleati, di tutti i confederati e del sacro romano impero.

Carlo il Temerario accolse questa sfida con ira e rabbia, mugugnando a bassa voce: " Berna, Berna !" Era ora perfettamente chiaro che quel cantone si era messa a capo della rivolta nei suoi confronti. E questa fu la prima volta che Berna si mosse a capo nel guidare la politica della Confederazione. Fu anche la prima volta nella loro storia, che gli svizzeri accorsero come mercenari, al soldo per un'impresa allo scopo di difendere gli interessi di un re.

Il servizio militare mercenario, tanto criticabile e moralmente difficile da comprendere, specialmente per un piccolo paese montanaro, divenne da allora una consueta e remunerativa tradizione nazionale.

11   Sigismondo si obbligava pagare ai Cantoni 8.000 fiorini per le spese della guerra, e ad accordare un buon soldo alle truppe che per lui avrebbero combattuto.

Benner (Fahnenträger) von Bern.

Schwäglipfeifer.

Trommler.

▲ Soldati bernesi della seconda metà del XV secolo. Disegni di Braun e Schneider. Collezione. Dell'autore.

GLI SVIZZERI ALL'ATTACCO

INVASIONE DELLA FRANCA CONTEA, DEL PAESE DI VAUD, DEL BASSO VALLESE E TENTATIVI DI PACE

l 27 di ottobre i Bernesi si impadronirono di Erlach sul lago di Bienne e subito dopo anche dei borghi di per Délémont, Porrentruy, Montbeliard, tutti appartenenti al vescovo di Basilea loro alleato, puntando verso la Franca Contea. Per questa via le loro fila si rimpolparono con i contingenti degli altri Cantoni. In seguito si aggiunsero anche le milizie delle città renane con alcuni squadroni di cavalleria spediti da Sigismondo d'Austria.

LA BATTAGLIA DI HÉRICOURT DEL 13 NOVEMBRE 1474

L'armata di invasione decise come prima cosa di assalire fortezza borgognona di Héricourt, difesa da Stefano fratello del perfido Pietro di Hagenbach (recentemente giustiziato), con 300 soldati lombardi. Questi aveva messo a sacco tutta la regione per vendicare così la morte del fratello, facendo ovunque strage dei ribelli. Dal momento che le devastazioni di Stefano di Hagenbach divennero note, gli svizzeri si misero in marcia e il giorno 8 novembre 1474 cinsero d'assedio Héricourt, ove Hagenbach e le sue truppe si erano rifugiati.

Nella prima settimana di novembre, quella piazza fu circondata da ben 10.000 svizzeri e altri 8.000 tra alsaziani, svevi ed imperiali.

Questi tentarono assalti impetuosi per avere ragione della guarnigione il prima possibile, visto il freddo intenso che regnava in quella stagione. Un gelo talmente feroce che molti soldati soffrirono il congelamento delle mani che a sua volta comportò molti casi di amputazione.

Il freddo era eccezionalmente intenso tanto che minacciava i confederati di costringerli a levare il campo.

Carlo intanto, fortemente impegnato nell'assedio di Neuss, non poté intervenire subito. Gli attaccanti, dopo

▲ Murales eseguito su una casa di Landvogt relativo all'esecuzione di Peter von Hagenbach il 9 maggio 1474 a Breisach

Scharfrichter.   Feldhauptmann.   Bube.

▲ Soldati svizzeri della seconda metà del XV secolo. Disegni di Braun e Schneider. Collezione. Dell'autore.

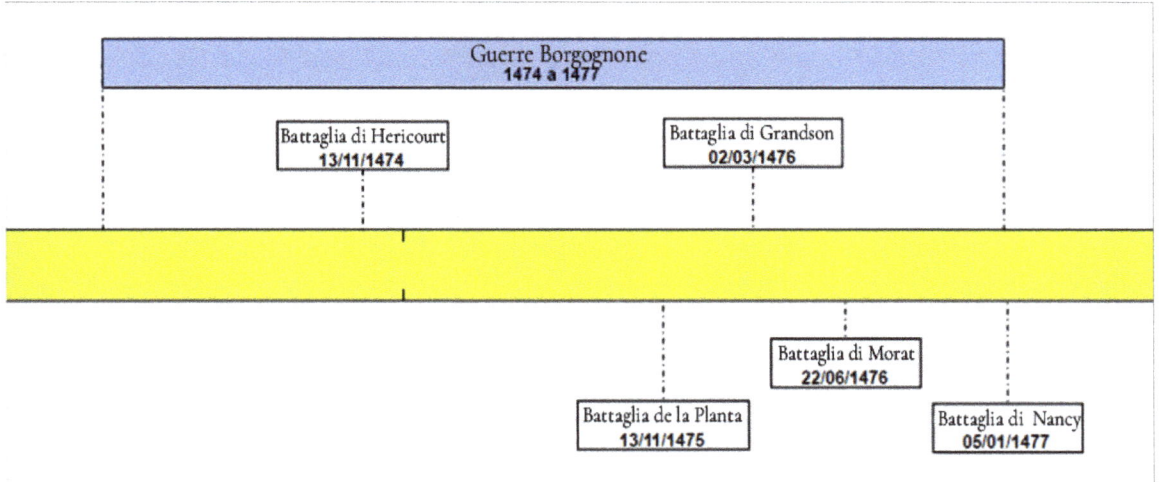

aver bombardato intensamente la città, alla fine provocarono una breccia nelle mura e gli assediati, mal approvvigionati e vista la piega degli avvenimenti, decisero chi di arrendersi ci di tentare la fuga. Héricourt fu espugnata il 12 novembre 1474. Lo stesso giorno comparvero, in lontananza, le avvisaglie che un corpo nemico si stava avvicinando.

Si trattava di 5.000 borgognoni che provenivano dai confini della Lorena con vettovaglie o munizioni. Guidati dal conte Enrico di Neuchâtel-Blamont, maresciallo del duca di Borgogna. Egli era appoggiato dalle truppe di Giacomo di Savoia, conte di Romont e governatore di Borgogna (in totale circa 6800 uomini).

Ma non era tutto, altri 5.000 savoiardi e altri soldati italiani, richiamati da tempo da parte dello stesso conte di Romont, si stavano avvicinandosi con gran segretezza, dalla parte del Giura per sorprendere i confederati, completando il soccorso preparato per entrare nella città assediata. Gli svizzeri, lasciati ai loro alleati il compito di tenere lontano dalle mura il primo esercito borgognone, corsero incontro al secondo più modesto dei Savoia.

Lo scontro che ne ebbe seguito fu un grande successo delle milizie svizzere che ricacciarono con gran perdita i mercenari italiani, già affaticati dalle marce forzate attraverso le Alpi ed il Giura, che fuggirono quasi subito, e solo grazie al calare delle tenebre riuscì in parte a mettersi in salvo, lasciando sul terreno ben 1.500 caduti. Irrisorie quelle subite dagli svizzeri.

Quasi altrettanti italiani furono i prigionieri raccolti poco dopo, e per decisione del temibile scoletto bernese Nicola di Scharnachthal trattenuti in vita al solo scopo di ottenere un conveniente riscatto con il quale aiutare in seguito i poveri di Berna. Con una severità crudele, egli voleva atterrire i borgognoni al fine di indurli a sottomettersi spontaneamente, prima che altri eserciti venissero in loro aiuto. Le milizie della Franca Contea si ritrovarono quindi da sole contro 18.000 soldati nemici (fanteria e cavalleria svizzera ed austriaca).

L'esercito del conte di Romont, schiacciato dalla supremazia numerica di quelli svizzero ed austriaco, sbandò. La vittoria degli alleati del sovrano francese fu completa.

Questa disfatta comportò la resa totale delle ultime resistenze in Héricourt; tre altre città assieme a 16 castelli la imitarono nei giorni seguenti. La carestia e la pestilenza provata nelle campagne oltraggiate dalla guerra, nonché il timore per la vendetta nutrita dai nemici sconfitti, tuttavia suggerì agli svizzeri di far ritorno alle loro valli, non prima di aver riconsegnato a Sigismondo d'Austria i luoghi e i borghi appena presi, portando con loro, a segno di trionfo

tutta l'artiglieria borgognone e sabauda conquistata.
Tornati nelle loro case e nelle
loro valli, i mercenari svizzeri, specialmente quelli che
a malincuore avevano preso
parte alla guerra, come quelli del Waldstetten volevano
considerare finita questa av-
ventura. Non solo, comin-
ciarono a diffidare del loro
principale pagatore, il re di
Francia, che tardava assai il
pagamento delle somme con-
venute.

A nulla valsero gli ambasciatori venuti dalla Francia per
rinnovare ed estendere tutte
le promesse fatte. Gli svizzeri, per compensazione, pen-
sarono allora di pigliarsi direttamente fette di territorio
a sud delle Alpi.

▲ Mappa del ducato di Savoia nel 1475. Courtesy Marco Zanoli Wikipedia

Approfittando della recente alleanza fra Carlo di Borgogna e il duca di Milano puntarono allora alla conquista del Bellinzonese, feudo di Galeazzo Visconti.

Così facendo gli svizzeri si sarebbero anche assicurati di sventare ogni futura minaccia da sud,
spostando il confine a una distanza di sicurezza maggiore.

Questo progetto offriva loro vantaggi più sicuri e immediati che non il battagliare al di là del
Giura in servizio di principi e re che si erano dimostrati poco leali e affidabili.

Per di più operando per proprio conto, i Cantoni non avrebbero dovuto dividere con altri i
frutti della vittoria.

Tuttavia tale disegno strategico non era in cima ai pensieri del cantone di Berna, città dive-
nuta preponderante nella Confederazione, ed anche quella regolarmente pagata dal tesoro di
Francia (12).

12   Il 6 aprile 1473 Berna ricevette dal re di Francia. Allo scoltetto Scharnachthal lire 400; a Thuring Ringoltin-
gen, 250; a Pietro Wabern vecchio scoltetto, 360; al cancelliere cantonale dottor Frickard, 150; al capitano Enrico
Matter, 150; a Pietro Kistler capo dei borghesi, 100; al tesoriere cantonale Franckli, 100 e ad altri cittadini, 1000.
Per Zurigo: al borgomastro Enrico Roust, lire 200; al capitano consigliere Enrico Gòldli, 200 ; al cancelliere, 100.
Per Lucerna: a Jost di Silinen prevosto di Berormùnster, lire 1.000; al suo fratello Albino, 400; allo scoltetto
Hassfustter, 200; al capitano Gaspare di Herstenstein, 200; al cancelliere, 100; ad altri, 90.
Ai landammani di Uri, Svitto, Unterweld e Zug, e al cancelliere di Soletta, lire 100 ciascu-
no. Queste furono le tariffe stabilite con Luigi Xl. Inoltre, altre somme segrete furono addebita-
te agli erari pubblici: per Berna lire 6.000; per Lucerna, 3.000; per Zurigo, 2.000; per Biènne, 300

Per salvaguardare la pace interna, i piccoli Cantoni rinunciarono quindi a valicare il Gottardo, ribadendo però nuovamente di non voler più fare guerra alla Borgogna, tranne quando si trattasse di respingere un'invasione.

Berna, con i suoi alleati di Soletta, Friburgo e Bièénne, ripresero quindi la guerra offensiva per proprio conto.

Ai primi d'aprile 1475, una banda indisciplinata di Bernesi si spinse audacemente su Pontarlièr e la mise a sacco. Seguita inevitabilmente da colonne di truppe regolari, iniziò così, quasi per caso, una sorta di invasione non annunciata. I borgognoni furono respinti, e le valli del Giura sottoposte a saccheggio.

La notizia del ricco bottino conquistato con relativa facilità attirò molti altri volontari dagli altri Cantoni, specialmente da Lucerna e Zurigo i quali incontratisi colle milizie degli stati occidentali, dirottarono le loro mire sul paese di

▲ Re Luigi XI con l'ordine di San Michele. Tela ottocentesca

Vaud, controllato dalla Borgogna. Grandson, Yverdon, Les Clèes si arresero quasi subito. La fortezza di Orbe, difesa da un pugno di gentiluomini, oppose tuttavia una resistenza degna di nota; la guarnigione, lentamente respinta da ogni bastione, continuò a riorganizzarsi nei locali interni del castello, stanza per stanza senza arrendersi mai finendo quindi tutta sterminata. Anche Jougne, luogo strategicamente importante, fu preso finendo nelle mani degli svizzeri, lasciando di conseguenza tutto il confine borgognone aperto alle bande di volontari, che da disciplinati soldati della patria minacciata si erano trasformati in soldataglia crudele e dedita al saccheggio più efferato.

La situazione di Carlo era ormai diventata disperata, ed egli sembrava non riuscire ad oppure nessun argine a questa orda terribile.

I molti battaglioni di mercenari italiani, che di continuo valicavano le Alpi per raggiungere la Borgogna, erano appena sufficienti a munire le piazze di confine verso la Francia, che in più luoghi, ma soprattutto sul Rodano, andava concentrando sue truppe allo scopo di farla finita una volta per tutte con il terribile duca di Borgogna. A questo va aggiunto il pericolo costituito dall'imperatore che da est si muoveva con un'armata di oltre 80.000 uomini.

Per Carlo ora bisognava proteggere il Lussemburgo minacciato dal giovane Renato duca di Lorena, che, istigato dall'onnipresente Luigi, si era recentemente unito ai nemici della Borgogna; oltre a ciò portare a termine l'assedio di Neuss o almeno chiudere la questione in modo onorevole, dato che il duca, sordo alle preghiere dei suoi si ostinava sotto a quelle mura invalicabili. Il 24 maggio egli però riuscì a ricacciare e a mettere in rotta l'armata imperiale che lo aveva attaccato sul Reno.

Questa vittoria aveva però sfiancato l'esercito borgognone, e lo aveva lasciato in uno stato talmente miserabile che il duca si vergognava persino di mostrarlo al suo alleato inglese, appena sbarcato in Francia, tanto che gli inglesi furono dirottati sulla Bretagna per iniziare in quella regione le loro operazioni militari contro i francesi. Carlo promise al suo alleato di raggiungerlo il prima possibile, una volta sistemato tutti i suoi nemici ed insieme raggiungere Reims per organizzare l'agognata, promessa incoronazione. Tuttavia tale sogno si infranse presto, poiché gli ultimi assalti sotto Neuss risultarono sempre infruttuosi (13), mentre il suo alleato Edoardo d'Inghilterra dopo alcuni piccoli successi non ebbe che frequenti rovesci, tanto da essere presto costretto alla pace con Luigi, per evitare di essere tagliato fuori del tutto e impossibilitato a raggiungere le navi inglesi col rischio probabile di finire prigioniero in mani francesi.

IL TRATTATO DI PACE DI PEQUINGNY

Dopo la battaglia di Castillon (17 luglio 1453), la Guerra dei Cent'Anni era tornata ad un periodo di relativa calma. Il nuovo re d'Inghilterra Edoardo IV vide nel conflitto franco-borgognone un'opportunità per riconquistare i domini continentali persi dai suoi predecessori. Il 25 luglio 1474 in base agli accordi stretti con Carlo di Borgogna egli il 6 luglio 1475 sbarca a Calais con un esercito. Presto però Edoardo IV vede che la situazione si deteriora rapidamente.

L'esercito inglese sta male e l'appoggio borgognone è assai carente. Peggio suo cognato, il Duca di Borgogna anziché andargli incontro si avventurò in Lorena andando a fare la guerra a Colonia. Luigi XI, da abile e navigato politico, vide l'opportunità di rompere l'alleanza anglo-borgognona. Offrì al Re d'Inghilterra un buon riscatto in oro in cambio del suo reimbarco. Furioso di essere stato abbandonato dal suo alleato e consapevole dello stato tapino del suo esercito, Edoardo IV accettò quindi di trattare con il Re di Francia.

Questo incontro ebbe luogo il 29 agosto 1475 a Picquigny , vicino a Amiens, sull'isola di Trève, tra le due sponde della Somme. Per evitare incidenti o assassini come quello accaduto fra Giovanni di Borgogna e Carlo VII a Montereau , venne costruito un solido traliccio di legno per separare prudentemente i due sovrani.

Nelle sue memorie, Philippes de Commines scrisse: *"Una volta scelto il luogo, si è deciso di costruire un ponte molto solido. Nel mezzo di questo ponte è stato posto un reticolo di legno simile a quello per le gabbie dei leoni ".*

I due sovrani assunsero i seguenti impegni: Luigi XI pagò a Edoardo IV una somma di 75.000 corone d'oro e si impegnò a pagargli una ulteriore pensione annuale di 50.000 corone d'oro per dieci anni. Per contro Edoardo IV, accettò di far ritorno in Inghilterra con il suo esercito rinunciando alla sua alleanza con il duca di Borgogna. Riconosceva anche Luigi XI come l'unico

---

13   In undici mesi d'assedio Carlo aveva perduto 16.000 fra i suoi migliori soldati.

▲ Suggello del trattato di Pequingny fra i due re di Francia e Inghilterra, prudentemente organizzato dietro ad una sicura e pesante grata di legno per evitare colpi di mano da parte di entrambi. Disegno di Job

re legittimo della Francia. Questo trattato soddisfaceva entrambe le parti. A conseguenza di questo atto, il duca di Borgogna, vedendosi abbandonato dal re d'Inghilterra, si trovò costretto a concludere a sua volta con Luigi XI la tregua di Soleuvre, la settima tregua tra la Borgogna e il regno di Francia, valida per quattordici anni. Grazie all'oro di Francia, la presenza inglese in Europa si concluse senza una vittima. I due eserciti festeggiarono insieme per un giorno intero nella campagna di Pecquigny. Il re di Francia fornì addirittura cortigiane di piacere con l'incarico di soddisfare i soldati inglesi. Al re d'Inghilterra alla fine rimase la sola Calais, città che gli inglesi conservarono fino al 1558.

LA RABBIA BORGOGNONE VERSO I CONFEDERATI

Intanto in Borgogna cresceva un'insaziabile voglia di vendicarsi degli svizzeri. Il Lussemburgo, cittadella di tutto il ducato omonimo, barcollava sotto i robusti colpi del duca di Lorena; il re di Francia, liberatosi degli inglesi, era in quel settore rimasto fino allora sulle difese, e ora invece minacciava di invadere addirittura le Fiandre. Il pericolo infine, che una volta digerita la recente sconfitta patita sul Reno, anche l'imperatore si sarebbe riportato all'assalto, cosa ne sarebbe stato della povera Borgogna?

Contro voglia ma forzato dalla situazione, Carlo dovette scendere a patti con un avversario da lui stesso provocato. Per raggiungere una tregua o una pace più duratura promise, questa volta chiaramente e senza equivoci (14), di dare nuovamente sua figlia Maria in sposa a Massimiliano, figlio dell'imperatore.

Per essere convincente gli diede cauzione, gliene fece formale giuramento, e l'imperatore Federico, docile come sempre alla voce dell'oro, alla fine accettò di buon grado e depose le armi. Indifferente del fatto che ciò avrebbe lasciato alla mercé di un irritatissimo duca sia Sigismondo suo cugino, sia gli svizzeri, e tutti quanti gli altri che dietro richiesta imperiale avevano partecipato alla guerra. Chiunque vinca, era il pensiero di Federico, l'impero rimarrà libero da gente molesta e la Casa d'Asburgo immensamente più ricca e potente.

Carlo, una volta liberato dal pericolo tedesco, si precipitò sul nemico più vicino, Renato di Lorena; scacciandolo dal Lussemburgo e inseguendolo fin dentro i confini della Lorena, saccheggiando ovunque tutte le città che incontro sul cammino. Senza colpo ferire per quelli che si arrendevano spontaneamente, passando invece a fil di spada i difensori di quelle piazze che sceglievano di fare resistenza.

Stavolta erano i borgognoni a mettere a ferro e fuoco le campagne invase. Il povero duca di Lorena dovette infine rifugiarsi a Nancy, suo ultimo baluardo. Da qui chiese implorando aiuto ai suoi alleati di un tempo, ma il re di Francia gli inviò solamente 800 lance (15), e con l'ordine segreto di temporeggiare sul confine borgognone, solo per minacciare e non per invadere...

Gli altri alleati, fra cui Sigismondo e le città renane, temendo per l'Alsazia su cui prevedevano doversi presto scatenare la vendetta di Carlo, si guardarono bene dall'inviare soccorsi, e anzi fecero di tutto per rinforzare i presidi di Héricourt, Montbéliard e Altkirch; e per rinfor-

---

14   Carlo a tal proposito diceva spesso ai confidenti: Nel giorno delle nozze di mia figlia io mi faccio frate in un convento della regola la più severa. Questo tesoretto gli serviva davvero tanto, ed esso lo prometteva a tanti per ingannare tutti.

15   La lancia risultava composta da sei uomini, di cui uno a cavallo.

▲ **TAV. E**   Balestrieri borgognoni a Grandson, riparati dai loro palvesi.

zare le guarnigioni ai propri confini, richiamavano persino le loro truppe dalla Franca Contea, che così sguarnita fu presto riguadagnata da Carlo e successivamente fortemente munita. A far fronte alla tempesta vendicativa rimanevano quindi solo gli svizzeri, i quali fedeli all'alleanza, sebbene in virtù del soldo mercenario, accettarono di prendere la strada per Nancy.

Tuttavia le truppe cantonali dovevano prima aprirsi il passo nella valle del Doubs. Per far ciò inviarono una colonna composta da 6/8.000 confederati guidati dal più facinoroso dei loro capitani: Nicola Diessbach.

Nel mese di luglio essi presero con poca fatica Lisle, Nan, Montrichard e Granges. Il 13 agosto entrarono in Blamont, la prima fortezza in terra di Borgogna, nell'occasione però perse la vita il loro comandante Diessbach (16) ma essi continuarono le conquiste su Grammont, La Roche e parecchi altri luoghi fortificati, lasciando ovunque spaventosa memoria per tutte le devastazioni e i saccheggi fatti. In quell'epoca buia, in Europa la guerra sembrava autorizzare ogni sorta di crudeltà.

▲ Maria di Borgogna (1457-1482) unica figlia erede di Carlo il Temerario e futura moglie di Massimiliano d'Asburgo e nonna di Carlo V. Dipinto di Niklas Reiser

Contemporaneamente il 15 agosto, gli abitanti del Gèssènay, sostenuti da 400 soldati bernesi, occupata la valle degli Ormonds, piombavano su Aigle, e se ne impadronivano, allo scopo di chiudere il passo alle truppe italiane, che di qui accorrevano puntualmente ad ingrossare le file dei borgognoni. Nello scontro che ne seguì duecento soldati lombardi furono uccisi.

Tuttavia, per bloccare davvero tutto il flusso di Carlo coi suoi alleati italiani, bisognava sbarrare la via del gran S. Bernardo, e a questo scopo, Berna chiamò in aiuto le soldataglie dell'Alto Vallese, invitandole ad una alleanza perpetua simile a quella già stretta con Uri, Unterwald e Lucerna due anni prima. Questa alleanza fu conclusa il 7 settembre.

L'accordo prevedeva che se la corte di Savoia avesse continuato nei suoi progetti di guerra (inviando truppe alla Borgogna), il Vallese avrebbe sostenuto i diritti di Berna e ciascuna delle due parti sarebbe corsa in difesa delle rispettive conquiste. Luigi XI come sempre incoraggiava segretamente tale impresa.

16   Ferito mortalmente sotto Blamont, moriva poco dopo a Porrentruy dove fu condotto, all'età di 45 anni. Scomparve con Diessbach uno dei più validi e promettenti condottieri svizzeri.

CLEOPHAS FRATER CARNALIS IO-
SEPHI MARITI DIVAE VIRG. MARIAE

IACOBVS MINOR LINGA MARE CLEOPHAE SOROR...

▲ Massimiliano I e la sua famiglia, ritratto immaginario di Bernard Strigel; da sinistra Massimiliano, i nipoti Ferdinando e Carlo, il figlio Filippo, la moglie Maria di Borgogna e il nipote Luigi.

Intanto, mentre parte delle truppe espugnavano le città della Franca Contea, le altre si disponevano a marciare verso il lago di Ginevra, ma ecco, a ritardare gli avvenimenti, una notizia gravissima piombata sugli svizzeri come un fulmine a ciel sereno.

Si seppe infatti che inaspettatamente il re di Francia, abbandonando i Cantoni, il 13 settembre a Soleuvre aveva sottoscritto una tregua di ben nove anni col duca di Borgogna.

In detta tregua erano tuttavia compresi anche gli svizzeri, non tanto come nazione, ma solamente come mercenari coi loro diritti di salari ancora da percepire per chiudere la vicenda. Ad essi era pertanto richiesto formalmente se volevano aderirvi o meno; astenendosi intanto da ogni atto ostile contro Carlo e suoi alleati. Non solo, dopo il danno la beffa. Con un trattato segreto firmata al contempo a Soissons, ancora prima quindi che gli svizzeri potessero dichiararsi sul rifiuto o sulla accettazione di quella tregua, e proprio mentre il loro vecchio alleato francese li aizzava ad irrompere nel paese di Vaud, re Luigi si impegnava a negare loro ogni futuro aiuto, concedendo persino ai borgognoni il passo sulle sue terre, utile al duca per invadere i cantoni svizzeri, nel caso che gli stessi continuassero la guerra!

Gli svizzeri, umiliati non poterono fare a meno di sentirsene offesi.

Restava pertanto l'ostacolo psicologico, da una parte Carlo, accecato dalla smania di sterminare quei paesani petulanti che avevano osato assalirlo, dall'altra gli svizzeri abbagliati dall'oro mercenario, non si accorsero di essere presi tra due fuochi e trattati alla stregua di un tapino, che si prestava al rischio terribile per i destini della confederazione di una guerra in solitaria con la potente Borgogna. Il cinico ragionamento dell'abile re di Francia, Luigi XI era questo: o Carlo soccombe, e allora la Francia è liberata per sempre del suo nemico più, pericoloso. O per contro soccombono gli svizzeri. In ogni modo la Borgogna resterà tanto fiaccata da poterla poi facilmente sconfiggere.

I piccoli Cantoni, sia quelli che intuivano l'ipocrita disegno di re Luigi, sia quelli che ritenevano non poter essere utile per la Confederazione una guerra a così alto rischio stettero a meditare sui passi da compiere. Scelta peraltro già effettuata da tutti i principi più potenti che uno alla volta si erano già ritirati dalla contesa, limitandosi a cercare di garantirsi difesa dei propri confini.

Anche il Legato della S. Sede, nel raccomandare la pace, esortava tutti a meditare sul fatto che perdere una tale guerra, equivaleva alla totale rovina, ed il vincerla, solo a garantirsi una lotta eterna, giacché sia Carlo che gli svizzeri, non erano fazioni in grado di digerire una sconfitta. Tutte queste valide considerazioni posero anche Berna, principale città focolare della guerra, a far passare molti dei suoi nel partito propenso di accettare la tregua.

Questa positiva e crescente ventata pacifista fu tuttavia arrestata bruscamente d'un tratto dai magistrati bernesi.

Essi, infatti, già nell'aprile precedente si erano impegnati di fornire a Luigi XI 6.000 uomini, che andavano impiegati come egli voleva; tanto più che il soldo fornito dal re era di tutto rispetto, infatti oltre agli 80.000 fiorini del Reno promessi nel trattato pubblico precedente, egli spediva in gran segreto (17) altre 20.000 lire da distribuirsi ai capi.

La situazione tornò quindi a virare al brutto, e il giorno 14 ottobre, lo scoltetto Nicola Scharnachtal, autorizzato dal Gran Consiglio di Berna, dichiarava la guerra al conte di Romont, Giacomo di Savoia, gran maresciallo di Borgogna, governatore del paese di Vaud. La scusa era dovuta al fatto che tale conte, nonostante l'antica amicizia, avesse lasciato uccidere soldati e maltrattare messaggeri svizzeri dai

▲ Soldati e nobili borgognoni della seconda metà del XV secolo. Disegni di Braun e Schneider. Colezione. Dell'autore.

17   Nella copia francese di questo trattato non è fatto cenno di questa somma: se ne parla solo nella copia latina. Luigi stesso raccomandava il silenzio.

▲ Tutti si fanno beffe del borgognone... Disegno di Job collezione dell'autore.

suoi sudditi (18), e che recentemente dei mercanti tedeschi erano stati per suo espresso ordine presi e spogliati in Morges. Questi fatti erano tutti veri, ma va detto che tutti i maltrattamenti lamentati, erano per lo più stati provocati dalla guarnigione svizzera di Yverdon, e che nonostante ciò avevano comunque già ottenuto risarcimento, avendone il conte puniti severamente gli autori. Mentre i mercanti tedeschi, diretti al mercato di Lione, non erano svizzeri, ma bavaresi di Norimberga e furono presi con le mani nel sacco mentre tentavano di trafugare con il contrabbando alcuni carri di pelli di montone, sul cui transito la Savoia già da tempo aveva imposto una grave gabella. Si trattava quindi di futili pretesti, atti a mascherare la smania di conquista, e attuati allo scopo di provocare e irritare maggiormente sia la Savoia che l'alleata Borgogna favorendo il piano segreto messo in atto dal re di Francia.

A peggiorare le cose ci si mise anche la crudeltà rapace con cui gli svizzeri si gettarono in questa nuova campagna. La sera stessa del 14 ottobre, le milizie di Berna e Friburgo si presentarono sotto le mura di Morat, minacciando terribili lutti ai cittadini che non si fossero arresi, ottenendo l'apertura delle porte. Col risultato che tutti gli abitanti di Morat, dai 14 anni in su giurarono fedeltà ai nuovi conquistatori. Anche le piazze di Payerne e Avenches seguirono l'esempio di Morat. A Coudrefin, il solo ritardo di un'ora nel consegnare le chiavi fu presa assai male provocando il supplizio del comandante della piazza cui venne tagliata la testa. La cittadina di Estavayer che rispose con fermezza rifiutando la resa, fu presa d'assalto.

Furono uccisi i 300 difensori, trucidati gli abitanti, sgozzati ai piedi degli altari i sacerdoti e affogati quelli che tentavano fuggire attraverso il lago (19). Dei 1.400 cittadini, solo 17 erano ancora vivi alla sera del 15 ottobre a prestare giuramento di sudditanza.

Preceduti dalla orrenda fama di questa terribile giornata di sangue e ingrossati da buon numero di volontari accorsi dagli altri Cantoni, fra cui 1.500 zurighesi condotti da Waldmann, gli svizzeri dilagarono nel paese di Vaud, ormai non tanto a fare la guerra, quanto a saccheggiare, derubare e ricevere la sottomissione degli abitanti. I quali, inorriditi, se la diedero a gambe andando a nascondersi nei vicini boschi delle montagne, o a cercare riparo sulla riva sinistra del lago Lemano, lasciando i loro villaggi quasi deserti.

Persino il vescovo di Ginevra, fratello del conte, non sentendosi sicuro nella sua città, troppo ricca per non attirare gli svizzeri, scelse di rifugiarsi con alcuni cannoni e poche centinaia d'uomini, nel forte castello di Conthey presso Sion, nella speranza di potervi resistere fino all'arrivo dei rinforzi attesi dall'Italia.

Si trovò quindi stretto d'assedio da parte di 4.000 soldati vallesani e dei Grigioni. Questi ultimi appena arrivati per unirsi alla divisione dei saccheggi.

Il 21 ottobre, le bande svizzere si riunirono a Morges, con l'intento di voler marciare su Ginevra, che già si era rifiutata di combatterli.

Quando la terribile avanguardia di questa soldataglia raggiunse Coppet vicinissima alla città, un ordine severo dei capi la ingiunse a tornare indietro.

Una deputazione del clero di Ginevra, si era portata al quartier generale degli svizzeri per perorare la causa che la città venisse risparmiata, rivendicando che si trattava di città non

18   A Les Clées alcuni soldati svizzeri sbandati furono uccisi dai paesani, mentre a Bòaulmes, furono maltrattati i messaggeri inviati alla guarnigione di Jougne.

19   Alcuni di questi poveri disgraziati, legati assieme, erano riusciti a rompere la fune e salvarsi nuotando, fu allora mozzato il capo al carnefice di Berna responsabile di aver lavorato male con la corda.

▲ Soldati svizzeri a Morat. Balestriere di Regensberg e alabardiere di Zurigo. Incisioni ottocentesche

nemica, dove da tempo molti svizzeri e alleati loro e della Germania tenevano grossi depositi di mercanzie. Ma l'argomento più convincente fu ancora una volta l'oro, con cui i maggiorenti della città avevano ottenuto l'effetto salvifico. Il prezzo furono 600 corone distribuite ai capitani. 28.000 scudi d'oro parte promessi e in parte pagati all'esercito.

Con 7.000 fiorini e non opponendo resistenza ad una armata di soldati zurighesi, anche Losanna evitò il saccheggio.

Persino Moudon capoluogo di tutto il paese, Romont residenza, ordinaria del conte, non si

▲ Guerra nel Vallese strage di savoiardi. Cronache di B.Schilling wikimedia fonti

fidarono delle loro robuste muraglie e aprirono le truppe alla soldataglia svizzera.

In meno di tre settimane, 16 città e villaggi e 43 castelli della contea furono conquistati, grazie soprattutto alla crudeltà mostrata nei confronti delle poche piazzeforti che osarono difendersi. Dopo di che gli svizzeri, incuranti di assicurarsi la recente conquista, e con l'unico scopo di inasprire e possibilmente spaventare il nemico, se ne tornarono nuovamente alle loro case con il bottino e i saccheggi della campagna militare.

Assai meno fortunati i Vallesani sotto Conthey. Per quanto gli invasori vi insistettero sotto, la rocca teneva bene le difese, anche per l'importanza che dentro alla piazzaforte si dava a quel posto, strategico per tenere aperte le comunicazioni con l'Italia, da dove certo presto sarebbe arrivato il soccorso atteso. Difatti 10.000 savoiardi, protetti dalla nebbia, il 13 di novembre giunsero inosservati sotto le sue mura e forti del loro numero sbaragliarono gli assedianti, gli italiani si avventarono quindi contro Sion, assalendola con tanto vigore al punto che sembrava sul punto di cedere da un momento all'altro.

Le porte della città quasi già scardinate, le scale degli assalitori appoggiate sul perimetro delle mura, la città stava per cedere.

Quando ecco all'orizzonte sul vicino colle del Sanetsch risuonare un terribile grido di guerra. 3.000 svizzeri delle orde dell'Oberland, Berna e Soletta apparvero sulla cresta e discesero di corsa la valle per dare battaglia ai savoiardi.

LA BATTAGLIA DELLA PLANTA

uesti, sorpresi, cessarono immediatamente l'assalto alla città per far fronte alla nuova minaccia. In fretta si raccolsero nella vicina pianura chiamata la Planta per riordinare le loro fila e prepararsi allo scontro. Riusciranno a sostenere bene il primo, pesantissimo urto. Proprio in questo momento i vallesani, presi del terrore volgono in fuga, lasciando i soli savoiardi a fare contro ai temibili svizzeri. Per proteggere il fianco sinistro, lasciato sguarnito dalla fuga dei vallesani i Savoia si ritirarono leggermente verso ovest, i confederati attaccarono immediatamente frontalmente.

Dopo un'aspra lotta, i savoiardi ruppero e in preda al panico si diedero ad una fuga disordinata, lasciandosi alle spalle il campo di battaglia. Le perdite dei Savoia furono significative, oltre 1.000 morti, tra cui 300 nobili e diversi prigionieri. Le perdite degli alleati quasi sconosciute, ma pare siano state relativamente piccole. Poco dopo il tramonto, anche Conthey fu immediatamente occupata.

I fuggitivi sempre inseguiti dai confederati con feroce accanimento, passarono oltre la fortezza, di Martigny, sfilano per le strette gole, e chi valicando i monti, chi costeggiando il lago riuscirono a mettersi in salvo nella Savoia, lasciando il povero Basso Vallese in mano e alla mercé dei vincitori che senza troppi affanni se ne fanno padroni.

Le conseguenze furono devastanti per il Ducato di Savoia: nei giorni successivi alla battaglia, gli alleati conquistarono tutto il Basso Vallese fino a Saint-Maurice e occuparono persino il Passo del Gran San Bernardo strategicamente importante senza incontrare mai una resistenza significativa. Infine Il 1 di dicembre Berna e Friburgo negoziarono una tregua con la duchessa Iolanda di Savoia. Tuttavia il vescovo di Sion in seguito rifiutò di restituire i territori conquistati ai Savoia incorporandoli nel 1477 come territori soggetti al Vallese.

I piani di Luigi XI erano andati ben oltre le sue più rosee aspettative, per contro i problemi di Carlo si accrescevano ogni giorno di più.

Questa onta portata al suo importante alleato savoiardo non poteva ne doveva rimanere impunita. Lui il domatore del Belgio, il conquistatore della Lorena, il terrore della Francia.

Il borgognone che da solo aveva saputo reggere agli assalti di quasi tutta l'Europa, non poteva tollerare che un miserabile popolo povero, incolto, generalmente disprezzato da tutti, così aveva risposto alla sua generosa offerta di pace: decise una volta per tutte la lotta ad ultimo sangue contro gli svizzeri. Tuttavia, prudentemente ammaestrato dall'esperienza, cercò stavolta saggiamente di prendersi tutto il tempo necessario per sistemare e rendere efficienti le sue forze, rese stremate da tante battaglie. Era come se stanco di questa guerra

▲ Milizie svizzere. Cronache di B.Schilling wikimedia fonti

Waibel.   Reifiger.   Büchfenfchüß.

▲ Soldati svizzeri della seconda metà del XV secolo. Disegni di Braun e Schneider. Collezione. Dell'autore.

infinita, avesse in animo di deporre le armi, o almeno questo era quanto volete far credere.

Propose allora un armistizio di quattro mesi, allo scopo di giungere alla pace. Sigismondo, vecchio nemico della Borgogna l'accettò, e si ritirò dalla contesa, anch'esso intenzionato a leccarsi le ferite terribili che aveva ricevuto. Delle città renane diverse si dissero disposte alla pace e di non voler più combattere. Altre invece si rimettevano ai Cantoni. Dal canto loro gli svizzeri, con voce unica risposero con franchezza che avrebbero sottoscritto l'armistizio, a patto che il duca dichiarasse solennemente di voler comprendere nella futura pace indistintamente tutti i loro alleati.

Equivaleva in sostanza alla rinuncia da parte borgognone ad ogni protesa sulla Alsazia, la consegna della Lorena nelle mani del duca Renato, il quale nel frattempo in data 30 novembre finiva di perdere anche la sua capitale Nancy.

Insomma un esempio di fedeltà ai patti da parte degli

▲ Iolanda di Valois, chiamata anche Iolanda di Francia o di Savoia (Tours, 1434 – Moncrivello, 1478), fu moglie di Amedeo IX di Savoia e quindi duchessa consorte e reggente di Savoia; era figlia di Carlo VII di Valois, re di Francia e di Maria d'Angiò. La miniatura la rappresenta nel 1471 mentre Il teologo Guillaume Fichet le presenta il suo libro *Rhetorica*.

svizzeri. Feroci e crudeli in battaglia, ma anche corretti e ligi ai contratti fra stati. Carlo, esitante tra l'orgoglio offeso e la sana prudenza domandò consiglio al suo grande nemico, Luigi XI e a quell'astuto re non parve vero di poter approfittare della situazione. In un perfido gioco psicologico, esortò il vendicativo duca ad astenersi da una nuova pericolosa campagna contro gli svizzeri, che avevano già dato buona prova della loro imbattibilità. Carlo, cadendo nel tranello, attribuì il saggio consiglio all'atavica invidia del sovrano per i suoi certi futuri trionfi. Carlo infine si decise quindi per la guerra immediata, come del resto il suo cuore di leone ferito da tempo ormai reclamava. I confederati, dal canto loro, benché soli davanti al grande condottiero borgognone, si apprestarono con la consueta solerzia alla difesa delle loro valli.

▲ Incisione cinquecentesca della battaglia di Grandson del 2 marzo 1746. Combattuta fra le valli a discendere sul lago. Si vede nello sfondo il castello di Grandson espugnato solo pochi giorni prima da Carlo il temerario. Lo stesso duca è qui raffigurato a cavallo mentre perde il famoso elmo rovinato a terra ai piedi del suo cavallo.

LA BATTAGLIA DI GRANDSON

Svanita ogni speranza di accomodamento, la coppia di duellanti si preparò alla terribile e definitiva lotta, a cui tutta l'Europa intera assistette attonita e silenziosa. Gli svizzeri, ansiosi temettero che il duca irrompesse prima in Alsazia per poi assalirli dalla parte di Basilea. Essi in questa deprecabile situazione si sarebbero trovati tra due fuochi, dovendo far fronte alla Savoia nel paese di Vaud, e al duca, che, nelle pianure del Sundgau, avrebbe potuto giovarsi della sua numerosa e celebre cavalleria.

Le speranze di uscirne senza le ossa rotte per gli svizzeri erano in questo caso assai ridotte.

Per far fronte a questo pericolo esso munirono il più possibile le piazze di Héricourt Montbèliard, rinforzarono fortemente la contea di Neuchâtel che rappresentava il centro della loro linea di difesa. Inviarono 1.500 soldati al comando del famoso capitano Enrico Matter a chiudere il passo delle Vérriéres. Infine adottarono anche un piano-tranello.

Per attirare il nemico dove a loro faceva comodo, lasciarono sgombro il passaggio di Jougne, libera la valle d'Orbe; richiamando tutte le locali guarnigioni, ad eccezione di quelle di Grandson o di Yverdon verso il Giura, di Moudon, Romont e Rue, nel centro del cantone Vaud, lasciate a proteggere Friburgo.

Carlo dal canto suo, riconoscendo negli svizzeri il nucleo principale dei suoi nemici più pericolosi, e volendoli assalire a forze intatte per meglio assicurarsi l'impresa, trovava logico e necessario appoggiare le sue esauste truppe alla Savoia e all'Italia che da sempre lo rifornivano di aiuti. Disfatta la Confederazione con un colpo secco e decisivo, sistemare il resto dei suoi nemici sarebbe stato tutto più facile.

Pertanto, il giorno 11 gennaio 1476 la spedizione punitiva ebbe inizio. Carlo partì da Nancy con 30.000 soldati scelti, portando con sé anche il suo personale tesoro, allo scopo di farlo ammirare ai principi italiani, suoi alleati, che lo dovevano raggiungere per strada.

Soffermatosi alcuni giorni a Besançon, si diresse verso il paese di Vaud, dove si erano già concentrati 8.000 savoiardi intenti ad occupare Losanna, e a cacciare da Yverdon, con l'aiuto di quelle popolazioni, la guarnigione svizzera, che a fatica riuscì a ripararsi a Grandson.

▲ Il castello di Grandson sul lago di Neuchâtel.

Tentato invano di sforzare il passo delle Vèrrières che immette su Neuchâtel, l'esercito borgognone discese quindi per Jougne e Orbe fino a raggiungere Grandson intorno a cui si accampò la sera del 18 febbraio.

ASSEDIO E BATTAGLIA DI GRANDSON DEL 2 MARZO 1476

Il giorno seguente fu dato un primo assalto al castello che venne respinto. Il 23 del mese, all'arrivo di altri 15.000 Italiani condotti dal principe di Taranto, figlio del re di Napoli, fu tentato un nuovo assalto che stavolta ebbe successo. Gli svizzeri dovettero abbandonare la città, lasciando isolato il loro capitano Brandolfo di Stein. Questo si ritirò assai malconcio dentro il castello con pochi uomini e ancor meno viveri vettovaglie, tanto che i suoi poveri difensori furono presto ridotti a vivere di orzo bollito. Tuttavia la loro resistenza fu valorosa e accanita. Le mura del castello furono sottoposte ad un incessante bombardamento da parte della temibile artiglieria borgognone.

Carlo smaniava di rabbia all'idea che un pugno di uomini consunti dalla fame e dall'inedia lo tenessero in scacco in quella fortezza ormai diroccata. Per vincerne la resistenza, si prestò come molti in quei tempi bui, ai mezzi più vergognosi. Trattando i difensori con il bastone e la carota, ora minacciando cose orribili, ora corrompendo i più deboli fra essi, ora mentendo in modo spudorato. Inviò allo scopo, a parlamentare dentro al castello un suo gentiluomo, il signore di Ronchamps. Questi andò a riferire che ormai ogni resistenza era inutile; che Friburgo era distrutta; che Berna e Soletta avevano già implorato pace, Che tutta la Germania, spaventata dai trionfi riportati da Carlo contro gli indomabili vincitori di Sempach, gareggiava nel mandargli atti di sottomissione. Li invitava a non sprecare la generosa offerta del duca di aver salva la vita in caso di resa.

I difensori della piazzaforte, informati falsamente di ciò, risposero con orgoglio

▲ Svizzeri si portano a difesa della roccaforte di Grandson. Schilling da Wikipedia

e coraggio che se davvero la patria era finita, fuori da quelle mura a maggiore ragione essi avrebbero difeso la libertà di quel piccolo lembo di Svizzera.

Quindi parlando all'ambasciatore, dissero di comunicare al duca che la sua offerta era per loro solo un insulto: *"la nostra vita se la prenda se vuole, ma non si aspetti ringraziamenti e sappia che, vivendo o morendo noi, la patria oppressa non rimarrà senza vendetta."*

Tuttavia questa era la voce solo dei più valorosi difensori di Grandson, nel breve la maggior parte dei suoi soldati cedette alle lusinghe e alle promesse e uscì quindi dal castello arrendendosi. Le fonti svizzere furono concordi nell'asserire che gli uomini si consegnarono solo previa garanzia da parte di Carlo I di essere risparmiati.

Lo storico Panigarola, che era con Carlo I, sostenne che la guarnigione una volta di fronte a Carlo si affidò alla misericordia del duca e che fu sua discrezione decidere della loro sorte. Egli deliberò alfine di condannarli e li fece impiccare tutti: ben 412 uomini.

In un episodio che sempre lo storico Panigarola descrisse come *"scioccante ed orribile"*, tutte le vittime furono condotte oltre la tenda di Carlo ed impiccate agli alberi attorno, in una serie di esecuzioni che durò quattro ore del terribile 28 febbraio 1476.

Altre fonti indicano che la guarnigione venne sterminata in parte con le impiccagioni e in parte annegata nel vicino lago di Neuchâtel.

Con il fermo intento di trattare in uguale modo tutti gli altri svizzeri che gli fossero caduti nelle mani, Carlo, di Borgogna il giorno stesso di quella crudele strage, si dispose a levare il campo allo scopo di occupare Neuchâtel e le vicine valli per cui dalla Borgogna dovevano giungere le vettovaglie necessarie al suo potente esercito (20).

Del resto, senza impadronirsi di quei luoghi, egli non avrebbe potuto fare molta strada dentro il territorio nemico. In caso di rovescio, gli svizzeri, piombandogli alle spalle sui loro ben conosciuti territori, ne avrebbero chiuso la ritirata.

In una ricognizione, guidata dallo stesso duca, il 29 febbraio i borgognoni si impadronirono del castello di Vommarcus, e vi sistemarono una guarnigione come avamposto. Quindi, non vedendo l'ombra di un nemico nei dintorni nemici, il duca ritornò a dar ordine alle sue truppe di continuare ad avanzare. Quel giorno stesso un'avanguardia di Confederati forte di 9.000 uomini giungeva a Baudry. Presto tale forza fu raggiunta da altre due formazioni, una di 7.000 e l'altra di 5.000, portando l'armata svizzera ad un totale di 21.000 armati di tutto punto, e risoluti a vincere o morire per la patria, e di attaccare il nemico ovunque si trovasse, con la sola precauzione di scegliere di volta in volta il terreno di scontro, preferibilmente scosceso o montuoso per eliminare il vantaggio che in campo aperto i borgognoni, che ad un esercito già più numeroso avrebbero potuto sommare anche la loro numerosa cavalleria e la formidabile artiglieria.

In ogni caso, bisognava tirare Carlo fuori dal suo fortissimo campo a Grandson, o cogliere il momento propizio per attaccarlo di fronte o sul fianco (21).

---

20   Il paese di Vaud già devastato non poteva fornire vettovaglie; la Savoia era troppo lontana; il solo passaggio di Jougue non bastava, le guardie svizzere delle Vérriéres non consentivano che li da passasse nulla. I borgognoni cominciarono a trovarsi in penuria di viveri.

21   Il campo di Carlo sotto Grandson era molto ben disposto, difeso a destra dal lago, a sinistra dai monti, coperto dal fiume sul davanti e rinforzato da barricate di carri, pareva imprendibile.

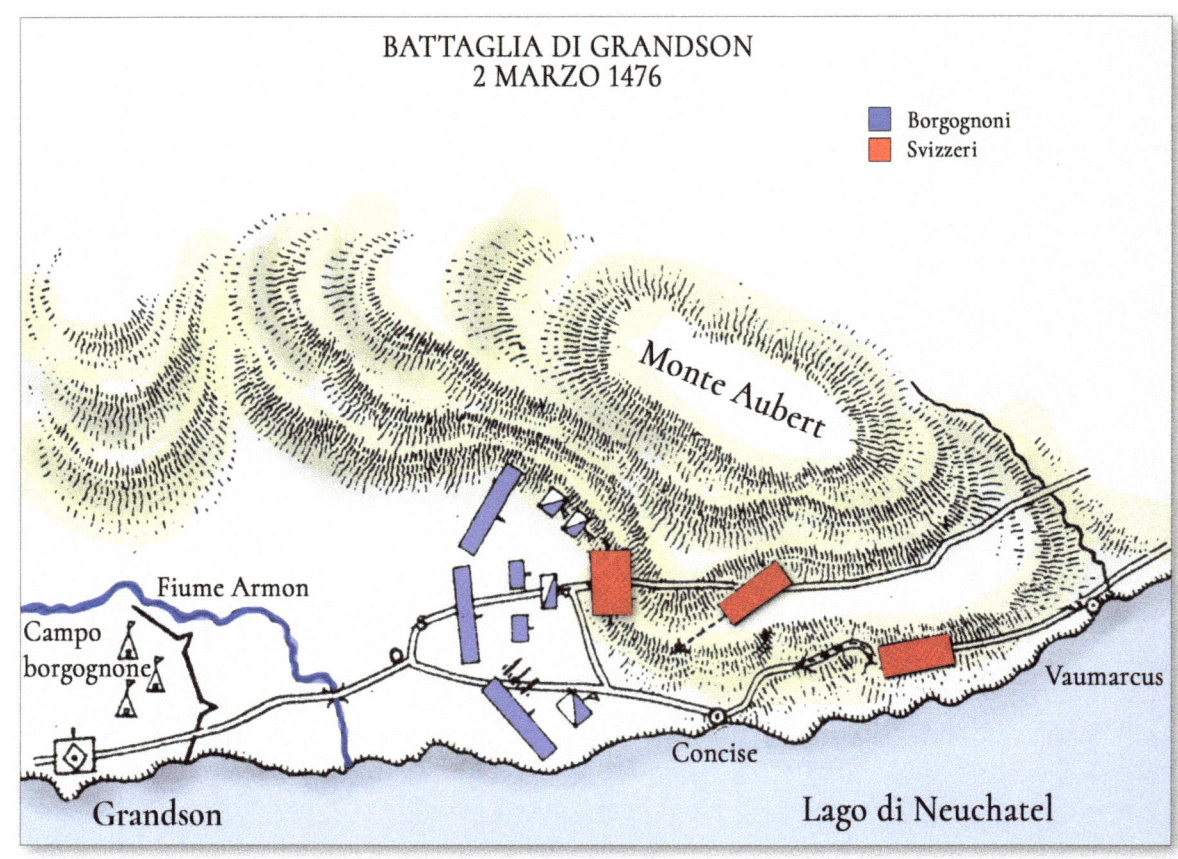

LA BATTAGLIA DI GRANDSON

Gli svizzeri non avevano nessuna notizia del destino della loro guarnigione all'interno del castello ed organizzarono le loro forze nella speranza di rompere l'assedio. Il loro esercito sulla carta era più numeroso di quello borgognone. Il 2 marzo 1476 l'esercito svizzero si avvicinò alle forze di Carlo alla città di Grandson. Gli svizzeri avanzarono su tre gruppi e la loro avanguardia andò presto a cozzare con i borgognoni. Scarse ricognizioni lasciarono Carlo disinformato circa l'entità e lo schieramento degli svizzeri, così il duca credette che l'avanguardia fosse in realtà il nemico al completo. Per di più questo era parte della stratega degli svizzeri stessi, tesa a confondere le idee al loro avversario.

Già la sera del primo marzo, i confederati diedero un primo assalto ai posti avanzati di Vaumarcus; l'assalto fu vittoriosamente rinnovato la mattina seguente due marzo, ed ebbe il doppio effetto, decisivo della vittoria finale, di nascondere ancor più le mosse degli svizzeri, facendo credere al duca che proprio lì dovesse avvenire lo scontro principale, trascinandolo in questo modo fuori dal suo robusto campo trincerato.

Carlo difatti, ritenendo che in quelle strette i nemici gli volessero sbarrare il passo, fece dare fiato nelle trombe ed inviò una grossa divisione di gendarmeria a proteggere quel castello avanzato che egli reputava assai importante. A questa avanguardia fece seguire in ordine di battaglia la cavalleria ed i cannoni, infine si mosse pure lui alla testa del corpo più numeroso della sua armata. Alle sette del mattino tutto l'esercito borgognone era in marcia, tranne i pochi reparti, rimasti a custodia del campo.

▲ **TAV. F** Stendardo borgognone: Compagnie Saint Antoine. Fante borgognone con mazzapicchio.

▲ I difensori del castello di Grandson dopo la resa furono tutti trucidiati. In parte impiccati a tutti gli alberi attorno e in parte annegati nel lago vicino dopo essere stati tutti legati fra loro.

Intanto i Confederati avevano deciso il loro piano: le milizie di Waldstetten e degli altri Cantoni di montagna, esperti alpinisti, dovevano valicare i passi coperti di neve ghiacciata che separano le valli di Travers da quella dell'Arnon, e guidati da Rodolfo Reding, piombare alle spalle del nemico. Dall'altra parte le truppe di Lucerna, di Zurigo e degli alleati, con alla testa Giovanni Waldmann e il vecchio scoltetto di Lucerna Hassfurter, costeggiando la riva del lago, avrebbero urtato la destra nemica.

Infine Giovanni Hallwyl e lo Scharnachthal, con 9.000 tra fucilieri (22) e arcieri di Berna, Friburgo e Soletta, si sarebbero incaricati di cozzare e irrompere nel centro nemico. Ad essi era affidata la parte più importante della battaglia.

L'operazione riuscì benissimo, ed essi, lasciato a sinistra il castello di Vaumarcus, si inoltrarono inosservati tra i boschi sui fianchi della montagna, giunsero sulle alture poste sopra Concise, nel mentre l'esercito borgognone, ignaro gli sfilava loro davanti. Lasciarono passare oltre la prima colonna di avanguardia e la cavalleria, aspettando di trovarsi di fronte la seconda parte dell'esercito del duca proveniente da Baudry. Quindi discesi i vigneti, dall'alto

22   A Grandson circa 5.000 svizzeri erano armati di fucile, che dopo la prima scarica lasciavano per brandire la picca lunga ben 18 piedi che era la loro arma prediletta.

scaricarono i loro archibugi, e andarono ad ordinarsi in un lungo quadrato nella valletta presso l'antica certosa della Lance, di fronte al grosso dei nemici, con entrambi i fianchi appoggiati a due monticelli coperti di boschi e ben difesi da due battaglioni opportunamente disposti dal loro capitano Hallwyl, ad impedire che i borgognoni, aggirando le alture, non circondassero la piccola armata. In quella, oggi, storica valletta la piccola armata confederata composta da uomini provenienti da Svitto, Berna, Friburgo e Soletta, avendo capito che presto sarebbero scesi in battaglia, si inginocchiarono a pregare all'usanza dei padri. Essi si rialzarono solo dopo aver recitato tre Padre Nostro e tre Ave Maria.

Carlo interpretò quell'atto come una domanda di grazia, e beffardamente rispose con una micidiale scarica di cannoni, le cui palle passarono sibilando sopra le teste degli svizzeri, procurando per loro fortuna poche vittime. Afferrato quindi il grande stendardo di Borgogna, con la lancia in resta a capo di una lunga colonna di fanti, il duca stesso si precipitò correndo sui nemici per massacrarli gridando *"Non riceverete pietà, dovrete morire tutti"*.

Subito 6.000 cavalieri borgognoni circondarono l'avanguardia svizzera, ma Carlo commise un grave errore. Dopo una breve schermaglia, egli ordinò alla cavalleria di ritirarsi, cosicché l'artiglieria potesse assottigliare le forze nemiche prima che gli attacchi fossero ripetuti.

Quando ecco sopraggiungere dalla parte di Vaumarcus i contingenti ben nascosti dai boschi di Hassfurter e Waldmann. L'avanguardia di Carlo che già aveva voltato faccia ai confederati si disorientò immediatamente quando la seconda parte dei soldati nemici comparve.

La cavalleria, sorpresa e timorosa d'essere tagliata fuori, discese frettolosamente verso il lago, per riordinarsi ma non ne ebbe il tempo. La ritirata divenne subito una rotta, con l'esercito borgognone che un po' ovunque ruppe i ranghi e fuggì. Il terribile grido di guerra, tra cui si distinse

▲ La battaglia di Grandson nell'incisione delle cronache di Lucerna di Schilling, Fonte Wikipedia

▲ **TAV. G** Gli armati svizzeri saccheggiano l'accampamento borgognone a Grandson

netto l'acuto squillo del corno di Uri e il rauco suono della tromba di Unterwald fecero il resto.

Per un po' Carlo cavalcò tra i soldati intimando loro di fermarsi, ma lo sbandamento era inarrestabile ed anche lui fu costretto a fuggire.

Gli svizzeri da ogni parte entrarono come furie impetuose nell'accampamento del duca dove tante ricchezze stavano raccolte, dando inizio ad un saccheggio confuso. A notte inoltrata vennero mostrare tutte le bandiere sul campo di battaglia: soldati e capitani, tutti s'inginocchiarono a

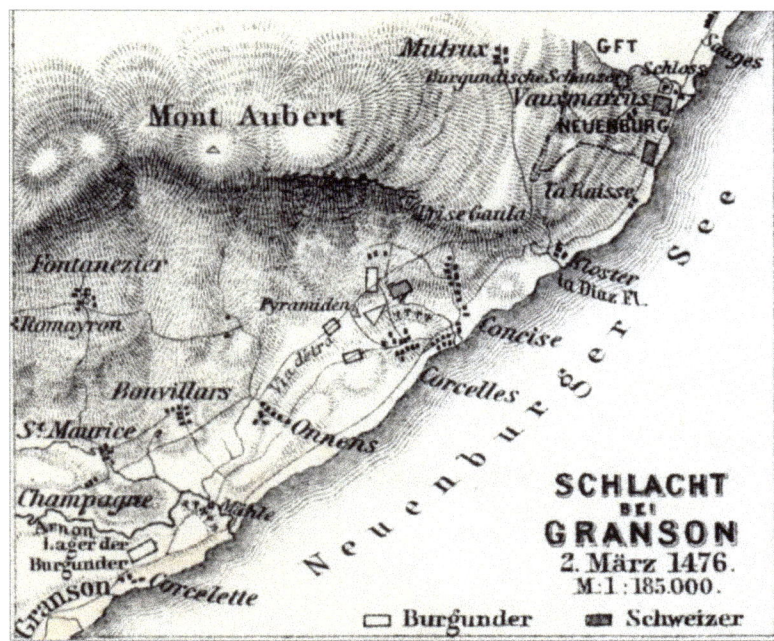

▲ Mappa tedesca di fine ottocento che descrive i luoghi interessati allo scontro.

ringraziare Dio. Nicola Scharnachthal, in qualità di comandante più anziano, alla presenza delle truppe schierate, conferì, in segno di lode, il cavalierato ai capitani che si erano meglio distinti in quella gloriosa giornata. Fra essi ricordiamo Giovanni Hallwyl e Giovanni Waldmann, i due principali eroi, che tali saranno anche nella futura battaglia di Morat.

Entrambi i contendenti ebbero pochi morti e feriti. Con poche perdite gli svizzeri riuscirono ad umiliare uno dei più grandi sovrani d'Europa, a sconfiggere uno dei più temibili eserciti e catturarne l'imponente tesoro. Il bottino che Carlo portava con sé era sostanzioso ed un buon numero di gioielli, preziosi e danaro finirono nelle mani degli svizzeri, che all'inizio non ne capirono il valore.

Se gli svizzeri, anziché perdersi nel saccheggio del campo nemico, avessero inseguito l'esercito di Carlo, sgominato ma non abbattuto, impedendogli di riunirsi, e con audaci colpi sgominarlo; in meno di due settimane la guerra sarebbe finita.

Poiché il duca, avvilito per l'inattesa sconfitta, disarmato, senza più denaro e soldati, avrebbe dovuto chinare la sua testa e subire una pace.

L'alba di domenica 3 marzo mostrò ai vincitori tali terribili scene da far loro dimenticare il fuggente nemico. A tutti gli alberi della contrada stavano appesi i cadaveri dei disgraziati difensori di Grandson. Inferociti da tanta barbarie, Bernesi e Friburghesi si scagliarono furibondi contro il castello ancora occupato dai nemici. Catturarono tutta la guarnigione, e a nessuno, tranne al comandante (23), fu risparmiata la vita e furono tutti impiccati sugli alberi dove erano stati appesi i loro compagni.

Fu poi la volta di scoprire l'immenso bottino catturato: oltre 400 cannoni, 10.000 cavalli da tiro, trecento barili di polvere, 8.000 fucili, 27 grandi bandiere e insegne borgognone, oltre ad altri 500 stendardi minori che giacevano abbandonati nella pianura. Su un piccolo rialzo vicino alla riva del lago, sorgeva, circondato da quattrocento tende di seta, il magnifico padiglione

▲ La roccambolesca fuga del Duca Carlo I dal campo di battaglia di Grandson. Tela di Eugene Burnard

del duca, superbo esempio di arte fiamminga.

Fu trovata la famosa cappella coi suoi arredi sacri di seta intessuta d'oro, e vasi sacri in oro tempestati di gemme. Vicino, la cancelleria ducale col trono d'argento massiccio dorato, circondato da una grande quantità di oggetti preziosi e di vasellame d'argento (se ne trovarono per oltre quattro quintali).

Ed ancora, il tesoro della corona (24), la cassa dell'esercito ripiena di denaro, che fu distribuito fra i soldati svizzeri, Il guardaroba ducale (25) ricchissimo di tele preziose, di tappeti o di damaschi stupendi. Ed ancora magazzini ricolmi d'ogni ben di Dio.

Tutto questo, senza contare i depositi di armi e le spoglie degli uccisi, fu grande preda dei vincitori. Gli svizzeri spesero ben tre giorni a raccogliere tanta fortuna (26), lasciarono quindi una guarnigione di 1.000 uomini a custodire il castello di Grandson, e se ne ritornarono superbi della vittoria e ricchi oltre ogni dire alle loro case e alle loro valli.

Nel ripassare da Vaumarcus trovarono il castello vuoto, essendone la guarnigione fuggita durante la notte successiva alla battaglia. Carlo, appena si riebbe dallo sbalordimento del rude colpo, ritornò con febbrile attività a preparare la riscossa.

23   Egli fu u salvato per scambiarlo con Brandolfo di Stein.
24   Il Toson d'oro, il rosario di Filippo il Buono legato in oro coi grani di pietre preziose; il gran sigillo di Borgogna del peso di una libbra d'oro; la spada da parata e il cappello ducale; parecchie cassette di requie tempestate di gemme.
25   I drappi, le tele finissime etc. furono tutto divisi, tagliati e distribuiti fra i soldati che se ne fecero degli abiti usuali.
26   Fra il bottino di Grandson ci furono anche tre famosi diamanti. Uno fu trovato presso Champvent da un soldato e poi venduto per un fiorino al parroco di Montagny, che a sua volta lo cedette ai bernesi per tre fiorini; questi lo rivendettero per 5.000 ad un gioielliere che lo girerà per 7000 a Ludovico il Moro. Finalmente Papa Giulio II lo riscattò per 20.000 ducati. Gli altri due di minor valore furono venduti al re Enrico VIII d'Inghilterra il primo, al re di Portogallo l'altro.

▲ Il saccheggio della tenda del duca di Borgogna... Disegno di Job collezione dell'autore.

▲ **TAV. H**   Porta bandiera del Cantone di Thun e armato del Cantone di Basilea.

LA GUERRA CONTINUA

l fatto strategicamente importante tuttavia era che Carlo a Grandson aveva perso meno di 1.000 uomini. Il 12 di marzo, egli era ritornato su Losanna con un nuovo esercito. In poco tempo richiamò sotto le armi un uomo ogni sei di tutti i suoi sudditi maschi. Spremette all'inverosimile rendite private e chiese per rinnovare i fondi necessari alla guerra.

Fece fondere campane e sequestrare i vasi di rame da cucina per fabbricare nuovi cannoni e ristabilire così la sua artiglieria; assoldò gente in ogni dove da Gand a Napoli; e in meno di due mesi riuscì a dotarsi nuovamente di un esercito imponente di oltre 60.000 uomini. Tuttavia tanta tensione lo spossò e il duca cadde ammalato.

Tutti questi fatti turbarono ovviamente i cantoni, che non potevano permettersi di dormire sugli allori appena conquistati. Berna comprese tutto il pericolo che si presentava. Richiamò dall'esilio Adriano di Bubenberg, pregandolo di mettersi a disposizione della patria in pericolo: e a compensarlo dell'oblio verso il quale era stato posto, gli venne conferito il comando supremo delle truppe.

Questi decise di porre l'attenzione verso la difesa di Morat, su cui prevedeva si sarebbe scatenata l'ira e l'impeto dei borgognoni. Una dieta, tenutasi a Svitto ai 17 marzo, ordinò che tutti i Cantoni tenessero pronte le truppe loro a marciare ovunque ne fosse stato bisogno.

Un'altra dieta raccolta in Lucerna, decise di spedire subito 1.000 uomini a proteggere Friburgo; ed affinché la mancanza di disciplina, incertezza o eventuale disaccordo di comando tra i capi, potesse far rischiare il disastro, elaborò un ordinamento militare severo, ma necessario.

A ciascun capitano furono aggiunti degli aiutanti, che standogli sempre vicino lo supplissero

▲ Un malinconico Carlo di Borgogna cadde malato e depresso dopo la sconfitta di Grandson.

▲ Mappa delle guerre borgognone. (Courtesy Marco Zanoli Wikipedia)

se ferito od ucciso; quattro robusti soldati dovevano stare sempre presso alla bandiera per rialzarla in ogni occasione, in più ben cento lancieri davanti e cento dietro la dovevano proteggere, bisognasse anche morire sino all' ultimo. A regolare la condotta dei singoli soldati furono date prescrizioni radicali. Ciascuno doveva assicurare sempre il posto assegnatogli; pena la morte. In caso di fuga, i compagni dovevano ammazzare il codardo.

I giochi, le dispute, le discussioni sono proibite, perché diminuiscono la vigilanza e causano risse. Tutti, anche dormendo, tengano la corazza e non depongano mai le armi sino a guerra finita. I volontari non sono ammessi nell'esercito. Obbedienza cieca ai capi. Nell'ingaggiare la mischia, vanno evitate grida selvagge; gli occhi al cielo, un voto a Dio, un' invocazione ai santi, e il braccio infaticabile a salvare la patria. Ai nemici non si accordi quartiere; ognuno ne abbatta il più possibile. Nelle chiese, rispettate preti e le persone religiose poiché è da Dio che viene la vittoria; non si maltrattino i vecchi, le donne e i fanciulli, perché ciò dispiace a Dio che ci può castigare. Quando il nemico sarà volto in fuga, nessuno s'arresti o si disperda a saccheggiare, perché ciò ritarderebbe la marcia e toglierebbe il frutto della vittoria. Il tutto sarà poi equamente distribuito dai magistrati .

Chi, senza permesso del suo capitano, si fermerà a fare bottino, sarà impiccato come un ladro.

Queste misure rivelavano tutta l'ansia provata dai comandanti confederati. Ora si voleva evitare, con queste nuove consegne di perdere l'occasione di finire una volta per tutte il terribile nemico, anziché lasciarselo scappare come a Grandson.

I piccoli Cantoni, scevri dalla smania del dominare, senz'altra ambizione che di avere la vacca più bella nel loro paese, che nel loro linguaggio montanaro, usavano chiamare la *regina della terra*, aborrivano da una infinita guerra di avventure si spinsero fino a richie-

▲ Ingresso a Morat di Adrian von Bubenberg. Cronache di Lucerna di B. Schillling. Fonti Wikipedia

dere di abbandonare Morat. L'estate si stava avvicinando, e per loro era molto più importante recarsi sulle Alpi ad occuparsi della custodia dei loro armenti. In contrasto con l'ostinazione delle città come Berna, Zurigo e Friburgo a voler continuare questa lotta da loro ritenuta di nessun interesse nazionale.

Ne era nato un malumore che poteva generare diversi problemi.

I montanari erano pieni di dubbi. Perché mai, si domandarono, dovremmo essere servi del capriccio e dell'ambizione delle città? Persino l'imperatore, non potendo vedere di buon occhio che le ricchezze della Borgogna si esaurissero in una impresa tanto stramba, comandava si deponessero le armi. Giunse persino a proibire alle città germaniche di inviare aiuti agli svizzeri, e minacciava questi ultimi dal proseguire nelle provocazioni.

Quindi, sia per rabbonire i Cantoni alpestri, sia per non dare all'imperatore un pretesto qualsiasi di intervenire nella questione a favore della Borgogna, Berna, benché riluttante e a malincuore, dovette limitarsi alla difesa propria, e a consentire che si mandassero deputati in Basilea per trattare della pace col duca. Pace tuttavia difficilmente negoziabile. Da una parte l'amicizia dei Confederati per l'Alsazia e la Lorena cui non volevano rinunciare. Carlo, per parte sua nel suo inflessibile orgoglio, non era minimamente disposto a fare concessioni: rifiutò quindi a Renato di Lorena i suoi possessi paterni; pretese soddisfazione per gli avvenimenti dell'Alsazia; chiese persino un compenso per le irruzioni degli svizzeri nel paese di Vaud. Volle insomma comportarsi da vincitore e non era il caso. Con ciò egli offese l'imperatore mostrando così di disprezzare le sue premure nei suoi confronti. Disgustò con questi modi molti dei suoi vassalli esausti della guerra andando di nuovo a cacciarsi in guai seri.

▲ **TAV. I** Armati del Cantone di Berna. Sergente, tamburo e ufficiale, sullo sfondo un porta stendardo

SUL CAMPO DI MORAT

l 27 maggio, appena ristabilitosi dalla sua convalescenza, Carlo partì da Losanna, portando il suo campo a Morrens sull'altipiano del Jorat. Da quella posizione mandò avanti due avanguardie che gli assicurassero i fianchi.

La prima composta da 4.000 italiani, sotto il capitano Antonio d'Orly governatore di Nizza, ad occupare Rue, Moudon, Romont e Friburgo, ove si era assicurata la presenza di alcuni traditori pronti ad aprirgli le porte non appena le sue truppe si fossero presentate sotto le mura; l'altra di 8.000 savoiardi guidati dal conte di Romont, a tentare un colpo di mano su Erlach e Neuchâtel, per impedire eventuali aggiramenti da parte degli gli svizzeri. Egli intanto col resto della sua armata proseguiva per la via di mezzo, evitando di farsi distrarre da manovre di disturbo dei vallesani e del bailo di Berna Zurkinden, che per traviarlo piombò sulla cittadina di Vevey mettendola a ferro e fuoco.

Carlo, quindi puntando verso i suoi obiettivi, la sera del 3 giugno giunse in Montet presso Estavayer, dove si congiunse ad una forza mercenaria di 6.000 Inglesi che gli avevano condotto la nuova artiglieria. Questa buona strategia di partenza incontrò i primi rovesci a causa del suo alleato, il conte di Romont, questi infatti, passando tra i due laghi di Neuchâtel e di Morat, si era impadronito di Anet e incoraggiato da questo successo, egli si spinge imprudentemente su Erlach dove viene prontamente respinto.

Tenta allora di piombare su Neuchâtel; ma un cavaliere, tale Baillodz, solo in quel momento a far la guardia, lo arresta sul ponte della Thiele, ultimo sbarramento prima della città (27).

▲ Vista della città murata di Morat dal lago verso le colline.

Questo solitario impavido riuscì a trattenere i nemici finché non venne raggiunto dai contadini allertati di Landeron e Neuville ed insieme riuscirono a mettere in fuga il Romont. Non bastasse, dato l'allarme in tutti i villaggi dell'Inselgau (28), questi suonarono la campane a stormo; la gente accorse con bandiere improvvisate armati di falcioni e cortellacci.

Dato il gran numero per i poveri savoiardi, impacciati nei pantani, e persi nei canneti della grande palude fra i laghi, non ci fu più nulla da fare, questi cercarono una strenua difesa sul Vully (29) ma dopo scontri sanguinosi ne sono cacciati di viva forza, e costretti a ritornare con grosse perdite al duca che raggiunsero il 5 giugno. Peggior sorte ancora toccò all'altra avanguardia, quella guidata dall'Orly. Ingannato dalla facilità con cui aveva preso altre tre cittadelle abbandonate dagli svizzeri si avvicinò a Friburgo con nessuna precauzione finendo dritto in un' imboscata abilmente tesagli dal Waldmann che comandava la piazza, finendo distrutto e sconfitto insieme coi suoi uomini. Il preludio era ben triste per i colori di Borgogna, ma Carlo preferì prenderla con filosofia e non cambiò i suoi piani.

Attraversato quindi Payerne e Faug arrivò a Morat, intorno a cui dispose le suo truppe il giorno 11 di giugno.

Il conte di Romont con 12.000 tra Italiani e savoiardi, prese posto a nord della città, distendendosi a semicerchio dalle capanne dei pescatori di Montèllier fino alle colline che sorgono ad oriente a copertura dei boschi che sovrastano la cittadina fortificata.

27   Al prode alfiere fu decretata in premio dalla dieta una medaglia d'oro colla iscrizione: *Vires agminis uous habet* (Uno solo ne vale una schiera).

28   L' Inselgau o Cantone dell' isola comprende i villaggi tra i laghi di Morat, Neuchâtel e Bienne, ed i fiumi Broye, Thiéle, Aar, Sarine e Biberen.

29   Colle piantato di vigneti tra i laghi di Morat e di Neuchâtel.

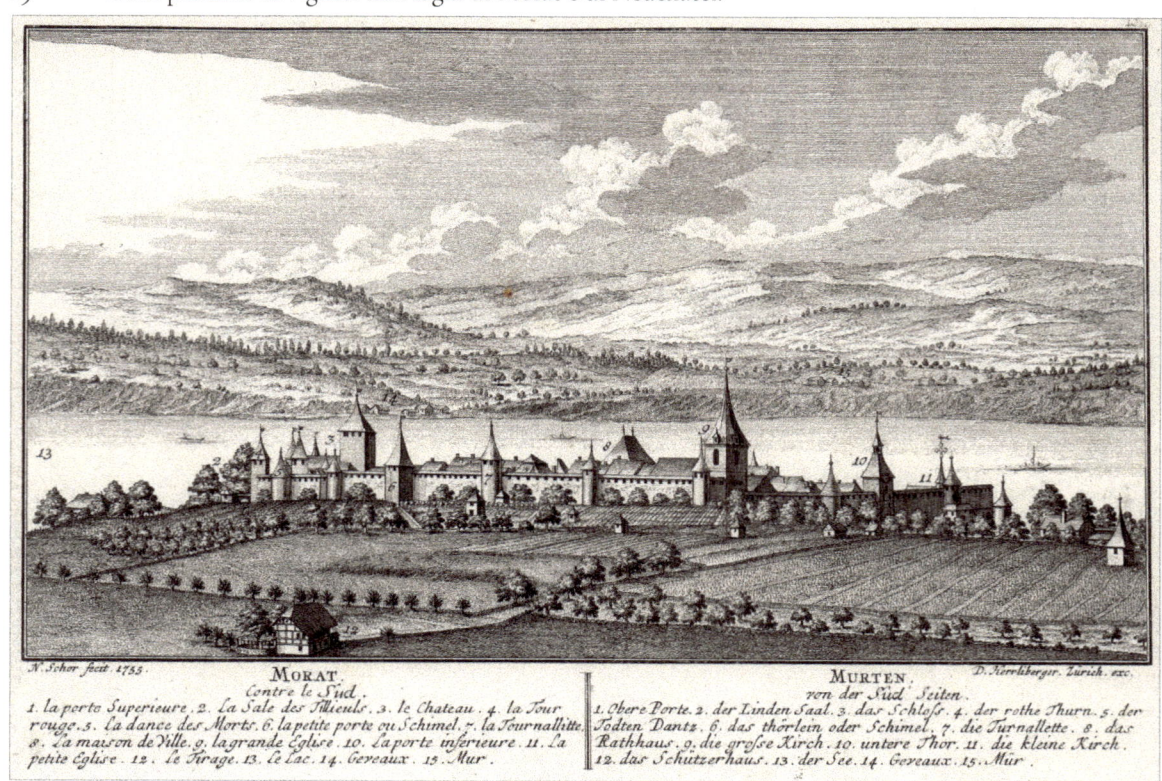

▲ Vista della città murata di Morat dalle colline verso il lago

▲ Il capitano Von Bubenberg, comandante della piazza di Morat con la sua scorta

Il principe di Taranto, con altri 30.000 uomini, si dispiegò invece a ovest verso Meyriez, completando l'accerchiamento di Morat posta di fronte al lago che rimaneva pertanto l'unica, potenziale fonte di comunicazione coi propri alleati (30).

Carlo, insieme agli inglesi e alla guardia dei borgognoni, s'accampò sull'altipiano di Curgevaux (Gurwolf) a mezza lega (circa tre chilometri) da Morat sulla via di Friburgo.

Dopo la terribile esperienza di Grandson, questa volta il duca prudentemente pose vedette un po' ovunque per essere avvisato in tempo, per ricevere od assalire gli svizzeri da qualunque parte si fossero accostati. A tale scopo proprio per premunirsi contro ogni sorpresa, mentre i suoi alleati savoiardi avevano già iniziato a battere le mura coll'artiglieria e si preparavano ad un primo assalto, mandò alcuni battaglioni per occupare il ponte della Singine presso Gumminen, da dove si pensava le milizie di Berna potevano facilmente arrivare in soccorso degli assediati. Questi tuttavia si avvicinarono con tanta audacia ed in buon numero (circa 6.000 soldati) che al loro arrivo il nemico era già scomparso...precedentemente sconfitto dai paesani di Neueneck guidati dal loro parroco bandiera intesta.

Era uno scacco più umiliante degli altri, perché le truppe ausiliarie di Carlo venivano ripetutamente sconfitte anche da semplici paesani, gente inetta alle armi.

Intanto il bombardamento di Morat proseguiva imperterrito. L'artiglieria concentrata in un solo punto, fece presto crollare mura e torri dalla chiesa al lago, aprendo le prime brecce, attraverso le quali, gridando vittoria i savoiardi vi si precipitano per penetrare in città.

Ma la forte guarnigione, composta da 1500 bernesi e friburghesi capitanati da von Bubenberg respinse ripetutamente e per ben otto ore ogni tentativo di intrusione da parte del nemico.

30   Da qui infatti riuscirono a ricevere rinforzi in uomini e vettovaglie

Durante la notte la breccia viene riparata e chiusa, non solo, la guarnigione tenta persino un'audace sortita che provoca la fuga dei savoiardi verso il campo borgognone dove solo l'intervento del principe di Taranto non mette fine al contrattacco.

Carlo freme di rabbia. Sfoga la sua ira con i suoi stessi soldati ed ufficiali, aspramente li riempie con severi rimbrotti e grazie al suo impeto, sospinge e stimola nuovamente all'assalto le sue truppe. Intanto dentro Morat il von Bubenberg richiama i suoi soldati ai loro doveri nei confronti della patria assediata. Raduna davanti alla chiesa tutti i cittadini e fa loro giurare per il Dio vivente di uccidere chiunque, anche lui stesso, che proferisse parola o mostrasse desiderio d'arrendersi. Assegnati poi i turni di guardia, fissato a ciascuno il suo compito, rinnovati gli ordini per una severa disciplina, stette ad aspettare il nuovo assalto nemico.

All'alba del giorno incominciò nuovamente il rimbombo del cannone e fino a sera 150 bocche da fuoco continuaro-

▲ Giacomo di Savoia, conte di Romont e signore di Vaud (1450 – 1486) combatté al servizio di Carlo il Temerario e di Massimiliano I d'Asburgo.

no a vomitare una tempesta di palle contro la città, sparando su tutto tranne che sulla chiesa. Morat, sepolta nel fumo e nella polvere, pare sprofondata in un abisso infernale. Case distrutte ovunque, macerie dappertutto per le vie e nelle piazze. Tutto in un silenzio tombale, non un grido né una voce (31) a segnalare la presenza di gente ancora in vita. La città distrutta in mezzo alla quale incolume e solitaria si eleva la chiesa ad attestare la pietà e insieme la violenta vendetta annunciata di Carlo il Terribile. Contro quei ruderi, si avventano i borgognoni, attraversano i fossati, s'affacciano alle porte, si presentano sulla breccia trionfanti. Ma proprio allora, gli indomiti difensori della sfortunata cittadina svizzera, sbucano fuori dalle casematte, dalle trincee sparando a più non posso sui borgognoni, e dopo i moschetti sono le loro alabarde a mietere numerosi caduti fra gli assalitori.

Così per dieci giorni e dieci notti, poco meno di 2.000 svizzeri, riescono a tenere testa ad una degli eserciti meglio armati d'Europa. Rimangono immobili sugli spalti distrutti; impavidi davanti alla morte certa che li aspetta se non arriveranno gli agognati rinforzi (32).

31   Il comandante, per confondere ancora meglio il nemico aveva proibito ogni grido, ogni vocio.
32   Carlo negli ultimi giorni si astenne da ogni assalto, temendo che la ritirata avrebbe scoraggiato i suoi, e che la conquista, come già a Grandson gli sarebbe valsa la sconfitta nel giorno decisivo.

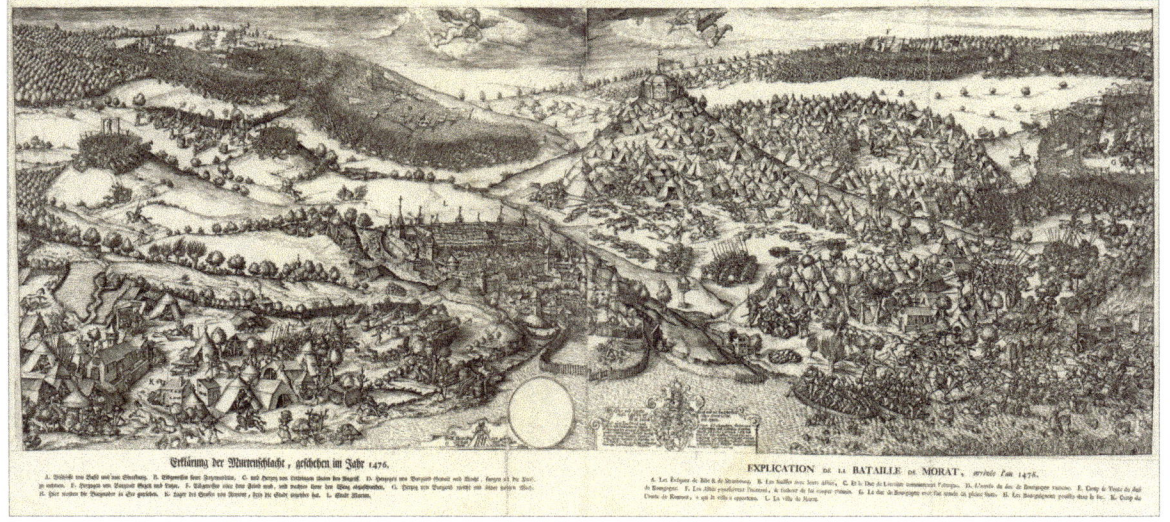

▲ Stupenda incisione a volo d'uccello che mostra tutte le fasi dell'assedio e successiva battaglia di Morat

Intanto tutta la Svizzera presentava l'aspetto d'un vasto accampamento. Appena i borgognoni si erano avvicinati a Morat, Berna diede un forte grido d'allarme, che penetrando in ogni valle, aveva commosso i cuori di tutti, riunendo l'intero popolo in un solo pensiero, quello di salvare la patria. I robusti montanari elvetici, per primi abbandonarono i loro armenti. Ad essi si aggiunsero commercianti e abitanti delle città chiusero le officine e le loro case per impugnare le armi: non c'era strada dal S. Gottardo al Reno in cui non si incontrassero soldati, battaglioni con le loro bandiere al vento. E non solo dalla Svizzera, ma anche dall'Austria, dalla Foresta Nera, dall'Alsazia, da tutti glia alleati dei confederati arrivarono rinforzi (33) vennero aiuti. Fu della partita il duca Renato, esulo dalla sua Lorena (34).

Riconoscente alla leale, benché infruttuosa amicizia dei confederati, egli veniva ira a soccorrerli a vincere o a morire con essi. Di tanti alleati, uno solo non si mosse , vale a dire quello che aveva acceso e provocato la guerra, Luigi XI re di Francia. Scongiurato di invadere almeno la Savoia, per obbligare la duchessa Jolanda a richiamare da Morat le sue truppe, perfidamente e con calcolo non rispose. Anziché soldati preferì mandare un'accozzaglia di spioni e informatori mascherati da mendicanti, che, informandolo minutamente di ogni cosa, l'aiutassero a decidere cosa sarebbe poi stato meglio per lui.

Tuttavia la Svizzera non aveva bisogno di lui. Erano giunti a Berna 35.000 uomini (35). Sotto una pioggia torrenziale, questo esercito si mosse nella notte del 21 giugno, accompagnato dalle preghiere di tutta la popolazione svizzera che vegliò pregando in tutte le chiese. Questa armata, passata la Singine il giorno 22, si divise in quattro corpi allo scopo di assicurarsi la vittoria, la quale senza dubbio fu dovuta a questa abilissima distribuzione di forze.

33   Solo le città di Svevia risposero al pressante chiedendo tempo per riflettere. Alcune rifiutarono subito il soccorso; altre l'accordarono ma finirono con l'arrivare solo dopo la vittoria.

34   Il duca di Lorena era riparato presso Luigi XI. Tuttavia il suo affezionato popolo lo aiutò con volontarie oblazioni a procurarsi i mezzi per scacciare i borgognoni.

35   Ultimi ad arrivare furono gli Zurighesi che raggiunsero Berna con due gioirò di marcia. Waldmann ac corso da Friburgo a sollecitarli, li condusse a raggiungere il resto dell'esercito, dove a questi fu per acclamazione affidato di guidare il centro della battaglia. Si trattava in totale di un esercito con 11.000 picche; 10.000 alabarde; 10.000 fucilieri e 4.000 cavalli. In questo numero sono comprese anche le guarigioni accorse da Friburgo e Neuchâtel.

▲ **TAV. J**   Stendardo borgognone a Morat: Compagnie Saint André.

Un distaccamento doveva recarsi sulle alture a nord-est di Morat, per tenere a bada il conte di Romont, o attaccarlo da qualche parte, mentre gli abitanti dell'Inselgau, trincerati al di là del lago, avrebbero fornito supporto di qua o di la all'occorrenza. Una nostra vecchia conoscenza l'argoviese Giovanni Hallwyl, al comando dei più impazienti di combattere, uomini del Waldstetten, Oberland, Entlebucher etc, insieme a 4.000 cavalieri capitanati dall'austriaco conte di Thiorstein e dal duca Renato, di Lorena col compito di assalire l'ala destra dei borgognoni dalla parte di Cressier e respingerla verso il lago supportata in questa manovra dal Waldmann proveniente da Munchenviller.

Il lucernese Hertenstein, a capo della retroguardia cantonale, doveva tenersi pronto ad accorrere su qualunque punto del campo la vittoria si presentasse dubbiosa. A ciascun capitano erano aggregati dei luogotenenti con cui dividere l'autorità. Ad Hallwyl furono aggiunti i due friburghesi Vuippen e Fégély: a Waldmann lo strasbughese Guglielmo Herter.

Carlo, avvertito sia dalle vedette che dai

▲ Antonio di Borgogna detto il Gran Bastardo di Borgogna (1421 – 1504) era uno dei figli illegittimi del duca Filippo III. Assistette il suo fratellastro, Carlo il Temerario. Durante la battaglia di Nancy, nella quale Carlo trovò la morte, Antonio fu fatto prigioniero. Entrò poi a servizio del re Luigi XI di Francia, divenendo un apprezzato consigliere.

cani (36) che gli svizzeri si avvicinavano, dispose anche lui le sue milizie su una linea non continua; e ciò per una ragione assai buona, se altro fosse stato il piano dei nemici, altro il luogo. O gli svizzeri, pensava, danno l'assalto a forze congiunte in un punto solo, e allora saranno presi in mezzo e circondati, o se si presenteranno in corpi piccoli separatamente, inferiori come saranno di numero, riuscirà ancor più facile sconfiggerli ovunque. Decise quindi di lasciare il conte di Romont solo oltre Morat separato dal rimanente esercito, in posizione pericolosa e assai delicata per di più nascosta alla sua vista. Chiamò presso di sè sull'altipiano di Gurgevaux la miglior parte delle truppe comandate dal principe di Taranto (37), per assicurarsi che il suo centro non venisse sfondato; lasciò le altre in riva al lago a formare l'ala sinistra; finalmente spedì un corpo numeroso verso Cressier, il quale protetto da una siepe viva e da profondo fosse, poteva assai facilmente difendersi, se attaccata per prima. In caso apposto con gli svizzeri impegnati contro le truppe del conte di Romont, li doveva prendere di fianco e alle spalle.

36   Allora gli eserciti usciti in campo usavano tenere dei grossi cani per l'uso di sentinelle. I cani dei borgognoni incontratisi con quelli degli svizzeri nei boschi di Galm, ne furono da questi cacciati, benché più grossi e aggressivi.

37   Questi però si venderà all'oro di Luigi XI e con 400 cavalli, abbandonerà il duca alla vigilia della battaglia.

▲ **TAV. K** Balestriere e porta bandiera del Cantone di Uri (detto "il Toro di Uri").

Tali disposizioni tuttavia avevano il difetto di non tenere adeguatamente conto della natura attorno a Morat, piena di luoghi avvallati e coperti di boschi, terreno in cui i nemici esperti delle zone potevano avvicinarsi di soppiatto a questa o quell'ala dell'esercito borgognone e, con masse preponderanti, schiacciare ogni nemico separatamente e senza lasciare loro tempo di ricevere aiuto, come in realtà avvenne. L'intero piano dei confederati era ragionato sulla natura del terreno, e questa fu la loro strategia migliore. Il piano di Carlo su astratte speculazioni teoriche ed è per queste che nonostante avesse a disposizione un buon numero di soldati, superiore al nemico, in poche ore egli rimase stritolato. Gli svizzeri erano a pochi passi (38), e Carlo titubante rimaneva con i suoi soldati schierati per la battaglia sotto una pioggia diluviale che durò fino alle ore 12.

Ritenendo, sbagliando che i suoi nemici non osassero attaccarlo nella sua fortissima posizione, dopo qualche tempo rimandò i suoi ai loro alloggiamenti, lui pure ritornò alla sua tenda.

38   Essi stavano aspettando il momento opportuno, nel mentre il conte di Thierstein conferiva ii cavalierato a molti capitani e soldati. Le truppe annoiate e infastidite da tali cerimonie reclamavano e chiedevano la battaglia, Hallwyl tuttavia seppe padroneggiarle.

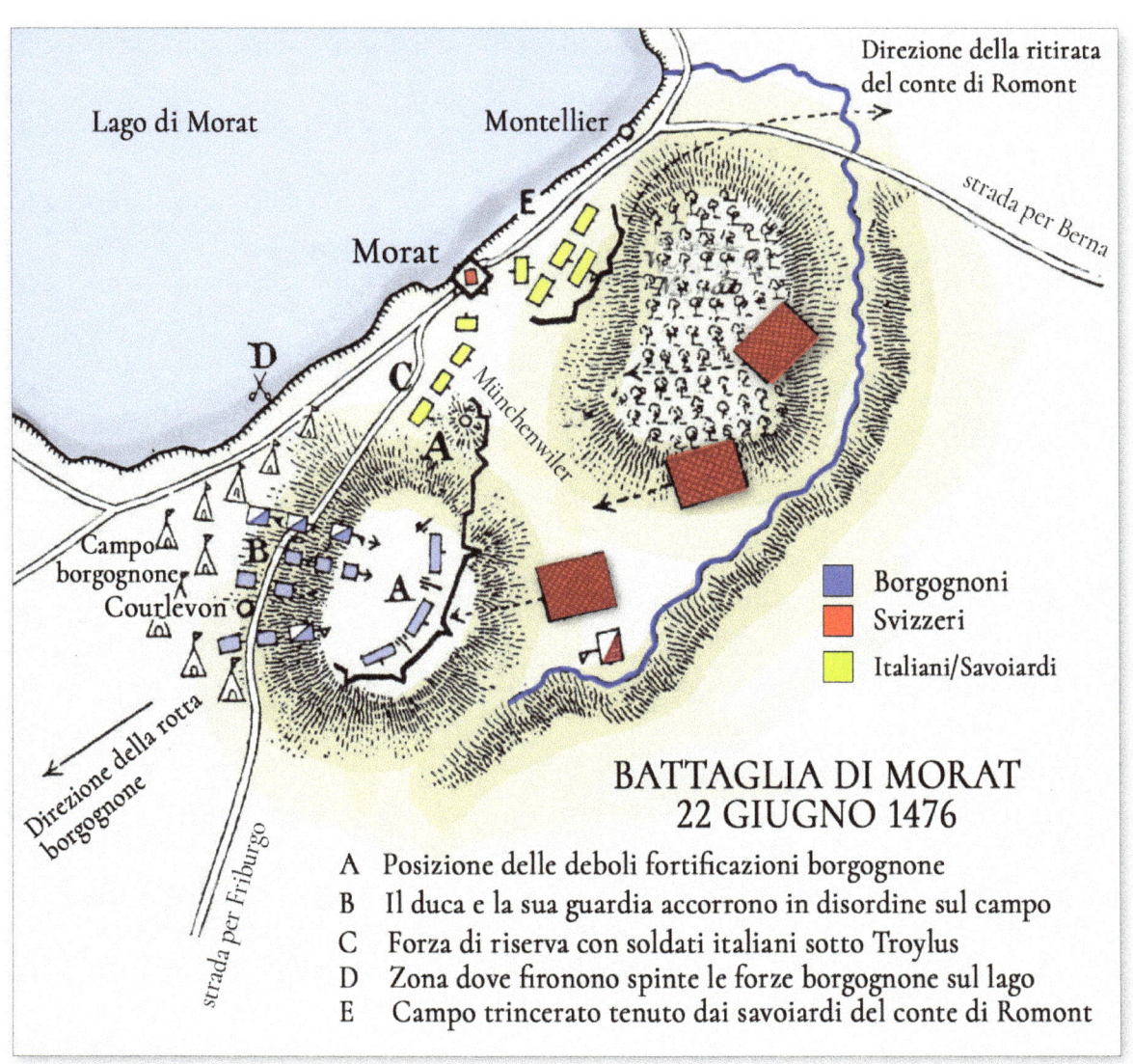

BATTAGLIA DI MORAT
22 GIUGNO 1476

- Borgognoni
- Svizzeri
- Italiani/Savoiardi

A   Posizione delle deboli fortificazioni borgognone
B   Il duca e la sua guardia accorrono in disordine sul campo
C   Forza di riserva con soldati italiani sotto Troylus
D   Zona dove fironono spinte le forze borgognone sul lago
E   Campo trincerato tenuto dai savoiardi del conte di Romont

▲ La battaglia di Morat in una incisione cinquecentesca

Era inoltre giorno di paga e molti cercarono di consumare il pasto di mezzogiorno, dopo il diluvio della mattina. Fu allora che l'avanguardia svizzera, forte di circa 6.000 fanti leggeri e 1.200 cavalieri, sciamò fuori dai boschi di Birchenwald ad ovest di Morat, esattamente dove il Temerario aveva previsto che sarebbero comparsi. Da li Hallwyl, sbucando furtivo dal bosco comparve proprio di fronte all'ala destra dei borgognoni presso Uressier. Nello stesso luogo dove fu poi eretta la cappella di San Urliano a ricordo della battaglia, l'esperto condottiero svizzero arringò i suoi soldati: richiamò loro la memoria dei fratelli uccisi a Grandson, esortò i suoi uomini ricordandogli il momento estremo, e il dovere di salvare le mogli e i figli da gente venuta solo per sgozzare, rapire, incendiare.

Ricordò che oltre un secolo prima, in quello stesso giorno, gli svizzeri avevano già battuto a Lanpen contro un nemico ben più temibile e conclude: *"Entro di voi io so che alberga il medesimo coraggio; sui nostri destini veglia ancora il medesimo Dio. In ginocchio soldati, ad implorarne l'aiuto".* Tutti quanti allora, come già a Grandson si inginocchiarono. In quell'istante si aprirono le nubi che per tutta la giornata avevano funestato il campo di battaglia e apparve il sole.

Ancora Hallwyl, sorpreso di questo evento gridò verso le truppe: *"Miei bravi! Iddio ha esaudito i nostri voti: ecco il suo sorriso; ecco che egli ci manda il sole a render più splendido il nostro trionfo. Soldati, avanti! Che la vittoria è nostra".*

Immediatamente i Waldstetten, con alla testa Katzi capitano di Svitto (39), si lanciarono come furie contro la palizzata che proteggeva la fronte dei borgognoni, Come colpita da una tempesta essa venne abbattuta, i soldati saltarono i fossi, e si avventarono sulle batterie nemiche, incuranti delle enormi perdite che il tiro ravvicinato procurava loro.

39   Egli comandava tutta la fanteria del primo corpo.

▲ La cavalleria borgognona cozza contro il muro di picche svizzere a Morat. Disegno di Job collezione dell'autore.

▲ La "premonizione" della vittoria di Morat.

L'artiglieria borgognone infatti manovrò per sparare poche salve, ma queste poche uccisero o mutilarono diverse centinaia di vecchi lorenesi. Malgrado tutto i difensori nel *Grunhag* trattennero gli svizzeri per un po' di tempo.

Gli uomini dell'Oberland e quelli di Entlebuch, a braccio, fecero a loro volta avanzare le loro piccole colubrine, ma la situazione era ancora aperta, e il pericolo per gli svizzeri d'essere ricacciati nei fossi e massacrati era ancora alto. La bravura dei capitani svizzeri e di Hallwyl, tanto audace quanto abile, fu provvidenziale per le bandiere confederate. Con un'abile manovra staccò un corposo contingente che trovò una via attraverso il fianco sinistro delle difese, vicino al Burggraben, cambiando l'intera situazione. Gli svizzeri si misero in fila velocemente attraverso la stessa ed avanzarono verso Morat ed il campo degli assedianti. Nel campo borgognone si scatenò il putiferio allorquando gli svizzeri furono avvistati mentre si affrettavano a riformare le file ed a prepararsi alla battaglia. Presi alla sprovvista furono però presto costretti ritirarsi verso il corpo di mezzo comandato dal duca, tempestati sempre e ovunque da Hallwyl e da Katzi che, girate le artiglierie nemiche fecero a loro volta dei vuoti terribili fra le fila borgognone (40).

La vittoria non poteva più sfuggire ai confederati. Carlo per la verità aveva ancora forze sufficienti a contrastarla. Egli richiamò in fretta tutte le sue truppe, ma esse non ebbero tempo di prendere posizione, poiché gli scatenati svizzeri vennero ad assalirlo fin sulle alture di Gourgevax. Tutti i confederati si fecero sotto: Waldmann col grosso delle truppe; venne la cavalleria ad urtare i borgognoni dalla parte di Friburgo. Infine persino la guarnigione di Morat uscì fuori dalle mura ad attaccare Meyriez sulle rive del lago. A tanto impeto l'armata borgognone non poté più reggere e lentamente ripiegò verso Faug.

40   In questo primo scontro la bandiera del cantone di Thun fu quella che meglio si distinse, tanto che le venne concesso di cambiare in oro il colore della stella nera ch'essa portava prima.
        Gli svizzeri perdettero in questa prima fase circa 250 uomini.

▲ L'ennesima rotta dell'armata borgognona dopo la rovinosa disfatta di Morat.

Solo i mercenari inglesi e la guardia del corpo che stava serrata intorno alla persona del duca, si sostennero bravamente, ricacciando più volte e ributtando il conte di Thierstein, uccidendo il cavallo a Renato (41), facendo strage dei lorenesi che lo accompagnavano. Ancora, respinsero il conte di Gruryère, e per un po' di tempo trattennero anche la foga di Waldmann e degli zurighesi. Ma dopo un po, anche quella tenace diga si ruppe, sulle alture, verso Villars, comparve di nuovo Hertenstein a minacciare le spalle. In quel mentre la grande bandiera di Borgogna cadde strappata da un soldato dell'Hasli (42). Carlo, in preda alla disperazione, come già a Grandson è costretto a fuggire con quanti più cavalieri poté.

Fuggì verso Avénches, mentre gli inglesi sopraffatti dal numero andarono dispersi e la piena dei confederati, al grido di *Grandson, Grandson!*

Si sparse furibonda per la campagna, facendo macello di tutti i fuggitivi inseguiti fin oltre Avénches. L'esercito svizzero non ebbe pietà per nessuno. Tutti furono trafitti, compresi i feriti a terra. Il motto: Crudele come a Morat rimase proverbiale per lunghi anni in terra svizzera. Parecchie migliaia di nemici furono sospinti ad annegare nel lago; molti altri vennero trucidati mentre supplichevoli imploravano di avere salva la vita. Molti cercarono di nascondersi disperatamente nei boschi e sopra gli alberi.

Il conte di Romont, rimasto inerte durante tutta la battaglia ed avvisato di ciò che era avvenuto solo dall'immenso grido sollevato dagli svizzeri vittoriosi, aveva cercato evitare la sorte che lo attendeva, cercando di fuggire verso la Broye. Venne qui arrestato, e assalito sul fianco sinistro da Hertenstein, che sterminò tutti i suoi. Il conte miracolosamente, e quasi solo, riuscì col calare della notte a ripararsi ad Estavayer e quindi, rientrare attraverso il Giura, in Borgogna.

41   Il duca di Lorna continuò a combattere a piedi come un semplice fantaccino finché non gli venne fornito un nuovo cavallo.

42   Si tratta di un certo Leonardo Moser che poi la regalava a Zurigo.

Da Avènches a Morat furono contati ben 15.000 cadaveri senza contare quelli finiti annegati nel lago (43). Furono tutti sepolti in larghe fosse con calce viva. Quattro anni dopo la battaglia, se ne raccolsero le ossa dei caduti in un ossario eretto sulla via d'Avènches ove la strage era stata particolarmente sanguinosa. Sul frontespizio si leggeva la seguente semplice ma bella iscrizione : *Deo Optimo Maximo. Caroli, inclyti et fortissimi Borgundiae ducis, exercitus Morathum obsidens, ab Helvetiis caesus, hoc sui monumentum reliquit.* (42)

Questa epigrafe non piacque ai repubblicani francesi del 1798. Essi distrussero l'ossario, ma non cancellarono la gloria di quella memorabile giornata.

43   Altri fonti parlano di 28.000, 20.000, altri di 10.000. Compresi le 400 perdite fra gli svizzeri e quelli annegati nel lago il totale dei morti a Morat fu verosimilmente di 20.000.

44   L'esercito di Carlo, invitto e fortissimo duca di Borgogna, fiaccato dagli elvetici mentre assediava Morat, lasciò di sé questo ricordo.

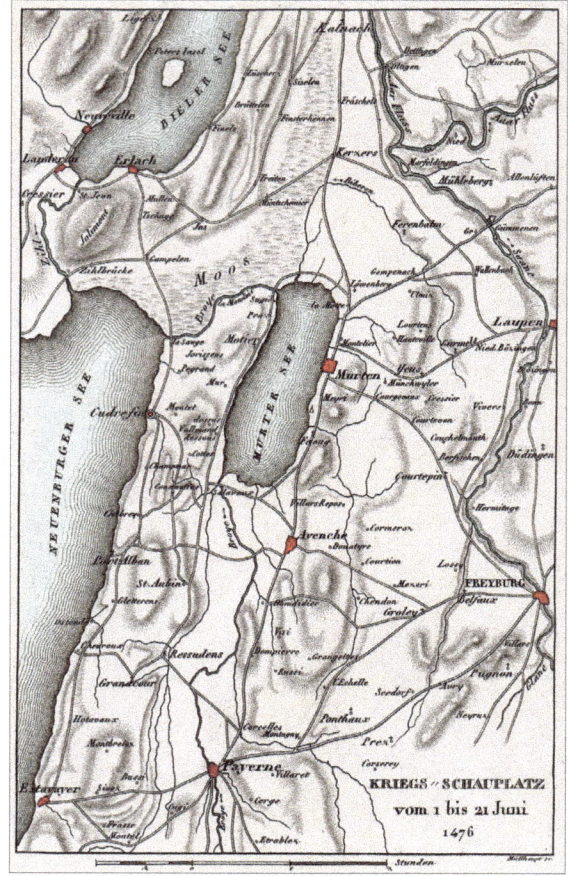

▲ Mappa della zona attorno al lago di Morat

▲ La cappella ossario dei borgognoni a Morat

▲ TAV. L Picchieri del Cantone di Sciaffusa a Morat.

▲ **TAV. M** Renato II, duca di Lorena (René II, Duc de Lorraine), 1451 - 1508. Da una miniatura coeva.

CONSEGUENZE DELLA BATTAGLIA

li avanzi dell'esercito borgognone si dispersero nel paese di Vaud e col calare della notte, riapararono chi al di là del Giura, chi verso Ginevra. In questa città furono visti soldati di Carlo attraversare il borgo di S. Gervaso correndo come pazzi.

I ginevrini, resi crudeli dalla paura di incorrere nello sdegno dei vincitori, cacciarono i poveri miserabili in malo modo e solo pochi di quegli sfortunati poterono toccare la sponda sinistra del fiume.

I savoiardi alleati di Borgogna dallo spavento generale, spedirono corrieri al re di Francia per supplicarlo ad interporre il suo nome, affinché l'impetuoso torrente partito da Morat non irrompesse apportando lutti e desolazione fino a Chambery.

Persino Luigi XI si sorprese, nemmeno lui si aspettava tanto. Egli si trovava a Lione durante la battaglia ed era lì quando Filippo di Comines suo segretario (45) gli diede la notizia, alla quale Luigi XI non poté trattenere uno sfogo di gioia. Si festeggiò quella vittoria, quasi fosse stata riportata dalle armi francesi. Egli non si immaginava che persino la Savoia, principale sostegno di Carlo e chiave dei passaggi alpini, con tanto abbandono richiedeva ora tanto clemenza. Afferrò dunque al volo la buona fortuna ottenuta col minimo sforzo. Richiamò alla sua corte il giovine duca Filiberto mandando intanto sue truppe ad occupare la capitale Chambery, e anche Montmèlian baluardo di tutto il ducato. Astutamente spedì anche ai Cantoni una solenne ambasceria, ricolma di adulazioni, promesse, e danaro gli consentisse di recuperare il favore degli svizzeri, invitandoli a rivolgere le armi vittoriose per lo sterminio totale del borgognone.

E Carlo, pazzo di furore, vittima del suo carattere cooperava in primo a questo disegno.

La sera stessa della catastrofe, accompagnato da soli 30 cavalieri giunse a Morges, senza mai smontare di sella. Il giorno dopo fuggì a Gex ove rimase tre giorni. Quindi rientrò in Borgogna, portandosi dietro prigioniera la duchessa Jolanda di Savoia, delle cui pratiche col re di Francia era venuto a conoscenza.

▲ Waldmann, uno degli eroi svizzeri della glorioso giornata viene nominato cavaliere a Morat

45   Comines era stato prima alla corte di Carlo; cavaliere del Toson d'oro, abbandonò il duca perché offeso dal suo grande orgoglio. Come premio del suo annuncio, ricevette da Luigi 100 marchi d'argento. Lasciò scritte molte memorie storiche dei suoi tempi.

Arrivato a Salins il 2 luglio convocò i rappresentanti dei suoi Stati, per notificare a tutti ufficialmente il disastro, affermando subito che alla sciagura si poteva ancora rimediare, ricordando a tutti che come anche i romani dopo la sconfitta di Canne riportarono alla fine il trionfo decisivo di Zama. Ordinò una nuova leva per raccogliere una nuova armata di 40.000 uomini ed una nuova imposizione forzosa del quarto delle rendite private per contribuire allo stato di guerra. Ma la Borgogna ora era veramente scossa, e molti vassalli vinti dallo scoraggiamento, gli mostrarono le loro fortune loro ormai rovinate.

Molti soldati caduti e non più ritornati alle loro famiglie. Perdite troppo amare, ogni sacrificio ulteriore oggi appariva impossibile; tranne quello della vita, cui ancora molti si sarebbero immolati per la difesa della patria, ma non più per assalire un popolo.

Carlo fu dunque abbandonato dai suoi. La sconfitta di Morat, oltre ad isolarlo dagli amici e alleati esterni, gli aveva fatto sparire in un

▲ Il soldato svizzero va alla guerra...

attimo ogni prestigio anche all'interno del suo Stato. Eppure egli si ostinò a non volere rinunciare alla guerra, minacciando ancora coi pochi soldati rimastogli, il confine svizzero verso il Giura e verso Basilea.

I Confederati, dal canto loro, non rinunciarono alle loro antiche abitudini. Invece di proseguire la lotta e perseguire vittorie certe a forze unite, abbattendo Savoia e Borgogna prima che si riavessero dallo sbalordimento, finire per sempre la guerra, spesero tre giorni a raccogliere il bottino. Poi licenziarono gli alleati assieme con una metà dei loro contingenti.

Molti fecero ritorno ai propri focolari, inebriati e orgogliosi delle entusiastiche acclamazioni con cui dappertutto erano accolti, ma insieme dimentichi che il nemico non ancora interamente domato, avrebbe potuto cercare la vendetta.

Molti altri svizzeri, in ossequio ai patti di Berna, continuarono le ostilità avanzando nel paese di Vaud, per cacciarne il conte di Romont, che non mostrava di volersi arrendere.

Alla fine anche questi cadde in disgrazia e venne cacciato con poca fatica dagli svizzeri che occuparono tutti i luoghi importanti fino al Lago. Ma nuovamente l'amor del bottino (46) fece scomparire la disciplina militare, inasprì la tradizionale piaga della gelosia tra Cantone e Cantone; ed ecco i vincitori di Morat, smarriti, incerti, errabondi come ciechi, dimenticare gli interessi della patria comune, preferendo svilirsi andando a rubacchiare un po' qua e un po' la.

46   Losanna aveva dovuto pagare 100 ducati d'oro al conte di Gruyère arrivato per prima ad esplorare la contrada; e le truppe bernesi, spedite a proteggerla, ne compirono la spoliazione, saccheggiando persino la cattedrale, inizialmente risparmiata dai capi (26 giugno).

▲ **TAV. N** Stendardo borgognone: Compagnie Sainte Magdalene.

▲ **TAV. O** Trombettiere di Carlo "il Temerario".

LA DIETA DI FRIBURGO

ntanto giunsero gli ambasciatori di Francia e di Savoia a domandare pace per questo ducato. Contemporaneamente vennero dalla Borgogna, dei messi a chiedere almeno una tregua, finché Carlo, rinsavito, non accondiscendesse a terminare finalmente la guerra. Dato che le armi svizzere non potevano al momento approfittare, anche perché la maggior parte dei Cantoni non prevedeva vantaggi equamente distribuiti, le autorità elvetiche propensero per dare il via ai negoziati.

Il 25 luglio si aprì quindi in Friburgo una delle più importanti diete mai tenute nel tempo della Confederazione. Nobili, sovrani e duchi si sedettero negli scranni accanto a pastori e montanari alpini.

I pregiudizi di casta, si erano dileguati dopo la battaglia di Morat, a dimostrazione che la nobiltà del sangue non era più il solo titolo di stima e di rispetto, e che nei grandi conflitti, ciò che conta è più il coraggio e la forza. Pertanto le ambasciate straniere inviarono personaggi di alto rango, a cominciare dalla Francia che inviò Luigi di Borbone, gran maresciallo di Francia genero e confidente del re, accompagnato dal presidente del parlamento di Tolosa e da una eletta schiera di 200 nobile cavalieri.

Il duca Renato di Lorena, onorò la dieta e ci venne di persona ; così pure i principali reggenti di Savoia ed i vescovi, di Strasburgo per le città renane, di Basilea, di Grenoble, di Ginevra e di Sion.

Fu presente anche Sigismondo d'Austria e gli elettori di Magonza. Le città di Treviri e del Palatinato mandarono loro delegati, come anche, un po' più tardi fece anche il Sommo Pontefice, il re d'Ungheria Mattia Corvino, quello d'Inghilterra (già alleato di Carlo di Borgogna) e quello del lontano Portogallo. Insomma a Friburgo, a dimostrazione del momento importante convenne tutta l'Europa

▲ Luigi XI re di Francia (1423-1483), il vero vincitore delle guerre borgognone, qui con indosso il collare dell'ordine di San Michele.

che contava a domandare o pace o amicizia o aiuto.

I Cantoni furono rappresentati in primis dagli eroi di Morat, fra cui spiccavano Waldmann e Hassfturter, capitani dalla bella oratoria e dal fiero portamento.

I deputati svizzeri, data la gloria raggiunta dai loro soldati, vennero tempestati di richieste.

Ambasciatori e principi di Germania chiedevano loro alleanze come quella già accordata alle città renane.

Il duca Sigismondo cercava mercenari poiché necessitava aiuto per impadronirsi di alcune signorie lungo il Reno, necessarie per mettere in sicurezza le sue comunicazioni con la distante e insicura Alsazia. L'ambasciatore di Francia, ben istruito dal suo abile re, vero regista di tutto il conflitto, promise agli svizzeri danaro e truppe francesi al fine di continuare la guerra e portare a compimento la distruzione della Borgogna una volta per tutte. Medesima richiesta, arrivava supplicata dal Duca Renato di Lorena, che solo grazie alle armi svizzere covava la speranza di ricuperare la sua Lorena. Infine i delegati della Savoia, assieme con i messi degli Stati di Borgogna, imploravano la pace. L'abilità nella retorica e nella diplomazia degli ambasciatori stranieri mise anche in luce la totale assenza di esperienza in tali materie da parte dei capitani elvetici. Eroici i corag-

▲ Il duca Renato II di Lorena, infaticabile avversario di Carlo il Temerario. Quadro di von Pierre de Blarru

giosi sul campo di battaglia di Morat, e tanto spiazzati in mezzo a damerini di palazzo che non di spada ma di parola erano molto più capaci di loro.

Questi capitani fecero poco o nulla, finendo col dare corda ai messi di Luigi XI, che invece non dovevano nemmeno essere della partita, vista la clamorosa loro assenza sul campo di battaglia, accompagnata dai soliti ritardi nei pagamenti promessi.

Finirono pertanto col mostrare titubanza, incertezza e inettitudine in questa occasione tanto solenne. Molte questioni vennero allora rimandate ad altra dieta, fra cui le domande di alleanza e di soldati al soldo (questo si chiedeva soprattutto ora agli svizzeri) fa parte del duca Sigismondo d'Asburgo per redimere situazioni pericolose che si erano create nel Voralberg, nel Prattigau e nell'Engadina. Gli svizzeri si ritirarono allora dalla dieta di Friburgo lasciando tutte le rimanenti questioni alla discrezione dell'inviato francese. Questi incredulo di tanta faciloneria, approfittò della situazione a proprio grande vantaggio, ottenendo comprensione anche per i tardati pagamenti delle somme promesse (47), ed anche di essere solo arbitro nel fissare i patti colla Savoia, che ormai, di fatto, apparteneva alla Francia.

Non solo, obiettivo della Francia era anche tenere sotto controllo questi micidiali soldati, creando ad arte motivi di discordia fra i vari cantoni. Bisognava tenerli divisi per poterli dominare meglio, questo pensava l'abile Luigi XI. I delegati francesi concessero

▲ Mappa tedesca della battaglia di Morat (Murten in tedesco)

quindi 50.00 fiorini per tutte le spese di guerra (48). Inoltre ai Bernesi concesse Erlach, Bex, Aigle e la valle degli Ormonds fino al lago Lemano; ai Bernesi e Friburghesi in comune Morat, Coudrefin, Grandson, Orbe ed Echallens; alle Decurie dell'Alto vallese fu concesso il Basso Vallese. Ciò che rimaneva del paese di Vaud fu assegnato al duca Filiberto con l'obbligo di non infeudarlo ad altri, e di tenerne per sempre lontano l'odiato conte di Romont. Ginevra otteneva la pace al prezzo di 24.000 fiorini che ancor lo rimanevano da saldare per i precedenti accordi. Quasi a compenso della ospitalità concessa in occasione della dieta, veniva poi dato a Friburgo il diritto di unirsi alla confederazione, cosa che avvenne il 23 agosto dell'anno seguente. Questi patti, utili, ma per molti versi non adeguati ai meriti conquistati dagli svizzeri col loro sangue sui campi di battaglia furono alla fine tutti sottoscritti il 15 agosto. Il leone, buono solo per la caccia, lasciava alla volpe decidere qual parte della preda gli appartenesse. Potenza dell'oro e della adulazione di Francia!

L'astuto re di Francia, campione di smancerie aveva fatto sapere agli svizzeri essere suo desiderio di conoscere personalmente gli eroi di Morat. Questi raggiunsero quindi il monarca a Plessis-les-Tours suo soggiorno favorito, per riceverne i complimenti e le congratulazioni. La dieta si concluse definitivamente il 16 agosto, lasciando in sospeso le sole trattative con gli Stati di Borgogna che si erano dimostrate le più complicate.

Luigi XI, ipocritamente pur sprezzandoli in cuor suo e facendosene beffe alle orecchie dei suoi cortigiani, ricevette i capitani confederati con ogni sorta di onoranze; li riempì di mille elogi di fronte ai ministri del suo palazzo; li presentò ai grandi del regno alla stessa maniera usata coi principi di sangue regale; li intrattenne interrogandoli sui minimi particolari della battaglia, mostrando segni meraviglia, insaziabile nell'udire il racconto delle gesta eroiche;

47   Era sorta una vivace disputa tra i deputati svizzeri e l'ambasciatore francese, perché questi voleva dar loro, delle somme promesse, solo la quota corrispondente al tempo materiale per il quale le truppe assoldate erano stati in campo, non calcolando quindi i mesi che erano rimasti alle loro case in attesa di esser chiamati. La tirchieria francese era oltraggiosa.

48   Altri suggeriscono la cifra di 500.000, somma assai poco verosimile.

li ricolmò di doni, al fine di guadagnarseli ed ottenere così, nell'immediato che un loro contingente di 30000 soldati si mettesse a disposizione per invadere la Lorena per scacciarne i borgognoni. Tuttavia non tutto filò come il re si augurava. La fermezza con cui Adriano di Bubenberg, l'eroe di Morat si oppose al progetto di sterminare la Borgogna, l'unica capace di controbilanciare l'invadente ed evidente influenza francese. Unita alla chiara avversione continuare la per loro infruttuosa lotta da parte dei cantoni più piccoli e meno importanti. Fecero la loro parte anche le preghiere dell'imperatore, del Sommo Pontefice, del re d'Ungheria, in favore della pace e alla fine tutti nella confederazione accettarono di non esaudire la domanda della Francia.

▲ Soldati di Zurigo presenti alla battaglia di Morat, alla destra un *feldsherer*, antesignano degli infermieri di campo e precursori della Croce Rossa nata proprio dall'idea di uno svizzero.

VERSO NANCY

 erò, come lealtà richiedeva, la Svizzera promise al duca Renato di Lorena che non sarebbe stato lasciato solo, e che non sarebbero mai stati sottoscritti accordi senza di lui (7 ottobre). E difatti, nella conferenza che si tenne poi a Basilea, i Cantoni proposero, qual condizione imprescindibile, che la Lorena venisse restituita al suo legittimo duca (2 novembre).

Renato intanto, con l'aiuto di truppe tedesche pagate dal solito re Luigi, recuperava quasi tutto il suo ducato e, grazie ad un primo tradimento del conte napoletano di Campobasso (49), rientrava in Nancy, la sua capitale.

Carlo, in tutta riposta corse ad assediarvelo. La sfida non poteva essere più arrogante e provocante. La prudenza e la saggezza facevano ovviamente molto difetto a Carlo il Temerario. Questo fatto finì col fare il gioco di Renato di Lorena. Il quale, comparso alla dieta tenuta in Lucerna il 25 novembre, ottenne facilmente, se non il concorso diretto dei Cantoni, il permesso almeno di assoldare truppe necessarie a far levare quell'assedio. E all'invito fatto nelle chiese e nelle varie delegazioni cantonali di accorrere a difenderlo in nome della lealtà (mai dimentica la sua presenza attiva a Morat), della giurata amicizia, ovunque vi fu grande entusiasmo in favore del duca di Lorena favore, che, invece di 6.000 armati, che erano la cifra da lui richiesta, se ne presentarono ben 2.000 in più sotto le sue bandiere. Con questo esercito, sommato ad altri 7.000 tra Svevi, Alsaziani e Francesi, Renato superò i Vosgi, verso il principio del gennaio 1477. Ad accompagnarlo in capo alle schiere: Waldmann, Hassfurter, Brandolfo di Stein già conosciuto a Grandson, e Guglielmo Herter.

49   Il Campobasso era incaricato di difendere Nancy. Il duca di Borgogna gli spediva regolarmente rinforzi dai Paesi Bassi, ed egli ad arte li faceva ritornare indietro dicendo di non averne bisogno.

▲ Milizie svizzere verso Nancy. Cronache di Lucerna di B. Schillling. Fonti Wikipedia

LA BATTAGLIA DI NANCY

Carlo per parte sua radunò a consiglio i suoi ufficiali. Questi erano tutti dell'idea tutti che conveniva levare il campo, stante la triste situazione dell'esercito quasi distrutto dalla fame, dal freddo, dalle malattie. Arrischiare una battaglia in quello stato equivaleva a cercare la rovina; tanto più che Renato, privo di mezzi com'era per pagare le sue truppe, si sarebbe trovato presto in difficoltà, e obbligato nel breve a licenziarle, lasciando così a Carlo la campagna libera per completare senza fatica l'assedio. Il suggerimento era certamente saggio, fra i suoi ufficiali il solo Campobasso lo non lo condivideva. Carlo, come d'abitudine fece di testa sua, pronto come sempre a seguire la sua frenesia di vendetta piuttosto che a propendere per vie sagge. Scelse quindi di dare ascolto al Campobasso, non si mosse quindi dal campo, finché i nemici gli furono tanto vicini da rendergli ormai impossibile la ritirata. Fu allora che l'infido Campobasso, al quale era affidata l'ala destra dei borgognoni, attuò il suo secondo e più grave tradimento (50), passando direttamente al campo di Renato presso Luneville con 800 lance (2 gennaio 1477).

Rifiutato con sdegno dagli svizzeri qual compagno di battaglia, il Campobasso si sistemò coi suoi al ponte di Bauxiere sulla Meurthe, per tagliare la strada ai borgognoni, che se vinti, avrebbero per questa via cercato rifugio nel Lussemburgo.

50   Prezzo del tradimento furono 20.000 scudi, una contea, il soldo annuo di 400 lance (2.500 soldati). Carlo, che era stato avvertito per tempo della iniqua fama del suo sottoposto non ci volle credere.

▲ La battaglia di Nancy nel celebre quadro di Delacroix.

▲ La battaglia di Nancy. Disegno di Job collezione dell'autore.

▲ **TAV. P**   Picchieri del Cantone di Berna.

Così Carlo finì col trovarsi nella infelicissima condizione di non potere dare battaglia, essendo troppo deboli le sue forze, né di evitarla perché completamente circondato, gli era preclusa ogni via di scampo. Gli rimaneva una sola opzione, impadronirsi di Nancy e barricarvisi dentro, finché, o Renato, per mancanza di denaro, fosse costretto a licenziare il suo esercito; o i suoi sudditi, commossi del suo pericolo, non insorgessero con uno slancio generoso a liberarlo. Deciso quindi per questa ultima disperata possibilità, nella notte del 5 gennaio del 1477, diede alla città un feroce assalto generale. I difensori, animati dal vicino soccorso, tennero però bene e abbastanza agevolmente la posizione.

L'assalto fu respinto, e non ebbe altro effetto che di logorare ancora di più il già esausto esercito del duca. La mattina seguente, gli avamposti borgognoni sono cacciati da ogni parte ed inseguiti, triste segnale che il momento decisivo della battaglia è arrivato.

La terra in piena stagione invernale era coperta di neve; di neve era ingombra l'atmosfera, resa sempre più funerea dal terrore che si vedeva negli occhi delle milizie borgognone cui le passate sconfitte facevano prevedere un tragico e infelice esito dell'imminente combattimento.

E stavolta anche lo stesso duca Carlo lo presagì.

Appena montato in sella per dare gli ordini della battaglia, successe un piccolo e apparente-

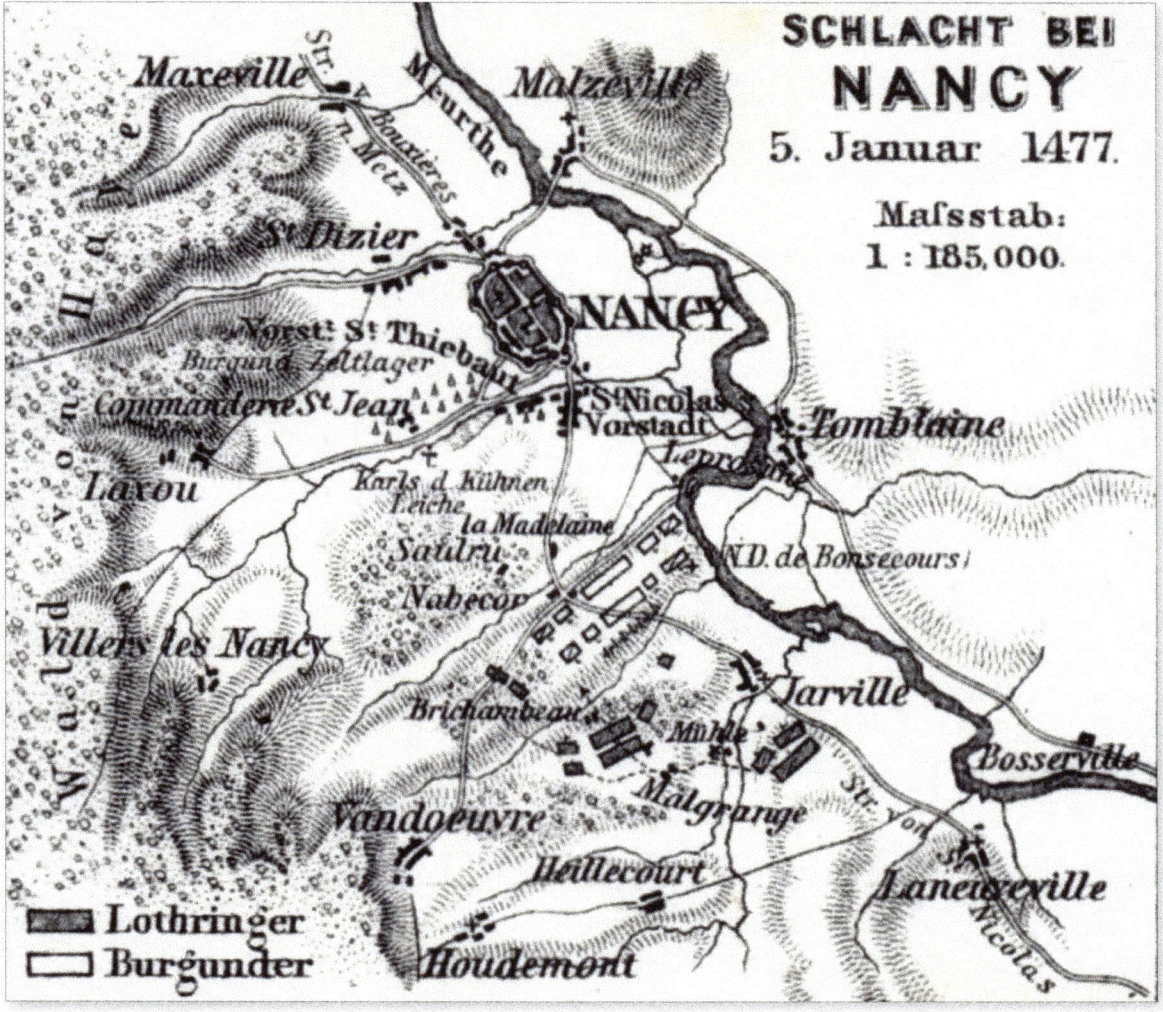

▲ Mappa tedesca della battaglia di Nancy del 5 gennaio 1477

mente insignificante episodio. Il leoncino d'oro, che in atto di avventarsi sulla preda, gli adornava l'elmo a guisa di cimiero, staccandosi gli cadde sugli arcioni. Egli lo raccolse, mestamente esclamando: *"Ecco un segnale di Dio.."* poi scrollando il capo come indispettito da questi suoi pensieri, si riscosse subito, riprendendo il consueto aspetto imperioso.

Spronò il cavallo e corse incontro al suo destino, se non a vincere, a morire almeno con onore. Ma i suoi avversari, ansiosi di farla finita presto non gli lasciarono troppo tempo.

Herter e Waldmann, avendone girato la sua ala destra, prima ancora che il duca potesse organizzare le file, penetrarono da quel lato fra le colonne ancora disordinate e, mentre Carlo studia il modo di arrestare l'impeto degli svizzeri, ecco a suggellare il tragico momento, il terribile squillo del corno di Uri annunciargli la morte in arrivo.

Intanto nel centro Renato sfonda col grosso dell'esercito. I borgognoni, inferiori di numero, già vinti dalla paura, dal freddo e dalla disperazione, non oppongono quasi nessuna resistenza. I più gettano le armi e si danno prigionieri, altri si danno alla fuga verso il Lussemburgo, dove sono dispersi o massacrati dal Campobasso.

Anche il duca, finì con l'essere trascinato dalla turba dei fuggiaschi, accompagnato dalla sua guardia, di 500 cavalieri si indirizzava verso un grosso villaggio a nord della città, dove aveva posto il suo quartiere generale. Nell'attraversare un piccolo stagno gelato poco distante dalle mura, sotto il peso degli animali e delle armature si ruppe il ghiaccio facendolo rovesciare da cavallo. Ancora prima che egli potesse rialzarsi, fu completamente circondato da soldati svizzeri. Uno di questi senza riconoscerlo, lo ferì ad una coscia.

Conscio dell'uso di salvaguardare le personalità per via del ricco riscatto, il duca si fece riconoscere urlando: *"Salva la vita al duca di Borgogna"*. Gli svizzeri attorno a lui per il boato della battaglia o per altro capirono invece *"Viva il duca di Borgogna"* al che un soldato indispettito, con un colpo di alabarda su una tempia gli spaccò il cranio sino ai denti, e lo finì.

Così miseramente periva Carlo duca di Borgogna, vittima soprattutto del suo smisurato orgoglio. Vedutolo ferito a morte, i suoi l'abbandonarono in tutta fretta cercando scampo a loro volta.

Egli quindi, non riconosciuto dagli avversari e abbandonato dai suoi perì senza che alcuno potesse indicare il luogo dove era spirato. Solo giorni dopo su indicazione di Baptiste Colonna, un paggio del duca di Borgogna, il quale aveva visto cadere il suo signore vicino allo stagno di Saint-Jean, la salma di Carlo I fu ritrovata ed identificata. Il cadavere era sfigurato e mezzo divorato dai lupi; il suo cadavere, nudo e orribilmente sformato dal freddo, fu a stento riconosciuto grazie alle lunghe unghie che usava tenere, ed alla cicatrice di una ferita ricevuta nella battaglia di Montléhri.

Fu poi sepolto nella chiesa collegiata di Saint-Georges. Una croce fu eretta in seguito per segnare il luogo di morte del Temerario (l'odierna piazza della Croix de Bourgogne a Nancy). Renato di Lorena, in rispetto al suo blasone, si occupò di ordinare per lui splendidissimi funerali; non tanto ad onorarne la memoria, quanto più a celebrare il proprio trionfo.

Oggi il suo corpo riposa nella chiesa di Notre Dame di Bruges.

Sui luoghi della battaglia, Renato II fece edificare la chiesa di Notre-Dame de Bonsecours. Sempre in memoria della vittoria fece inoltre costruire in città la Chiesa delle Cordigliere.

Così finiva questa memorabile guerra borgognona, nella quale gli svizzeri, benché si fossero dimostrato strumenti nelle mani di Luigi XI che non attori del proprio destino, acquistarono fama di impareggiabili guerrieri. Fama che durò secoli e sempre accompagnò la fama militare della Svizzera. La Borgogna, invidiata da tutti i popoli per le sue ricchezze, temuta da tutta l'Europa per la leggendaria valenza dei suoi soldati e per l'energica abilita del suo principe; la Borgogna, davanti a cui Francia e l'Impero si erano spesso piegate e sconfitte.

Questa Borgogna perse in tre battaglie ogni lustro, cade colpita a morte, scomparendo per sempre dal novero delle nazioni, principalmente grazie alle picche degli svizzeri.

Con ciò l'equilibrio politico degli Stati europei veniva stravolto; ed era naturale che tutti i sovrani, che avessero o timori o speranze, cercassero di accaparrarsi l'amicizia di quelli come i soldati confederati che, contro ogni previsione, questo equilibrio avevano rotto.

Era anche lecito attendersi che i veri e solo vincitori del conflitto sapessero ricavare, da queste splendide vittorie frutti migliori, che non solo interessati applausi e soldo mercenario.

Le somme ricevute dalla Francia, quelle estorte ai vinti, o quelle ricavate dall'ingente bottino, sfumarono presto in poche settimane, tanto che non furono di nessuna utilità per alleviare le miserie portate dalla terribile carestia del 1478.

I principi vicini generosi in lodi durante la guerra, scomparvero del tutto appena questa fu conclusa.

I montanari elvetici che con grande sforzo questa guerra avevano vinto, aveva vinto, si trovarono alla fine con un nulla di fatto. E col passare veloce del tempo, rinacquero le diffidenze tra popolo e magistrati, le gelosie tra cantone e cantone.

▲ Il corpo nudo del duca ritrovato giorni dopo sul campo di battaglia. Di Feyen Perrin , Museo di Nancy.

▲ **TAV. Q** Schioppettiere del Cantone di Berna (1490-1500). Balestriere del Cantone di Frauenfeld.

CONSEGUENZE ED EFFETTI DELLA GUERRA

uigi XI aveva firmato nel 1475, a Pecquigny, una tregua con il re Edoardo IV di Inghilterra. Ora, quest'ultimo, privo del sostegno del duca di Borgogna, fu costretto a rinunciare definitivamente alle sue ambizioni sulla Francia.

Sin dall'annuncio e dalla conferma della morte di Carlo I, Luigi XI si impadronì subito di una parte degli stati borgognoni: il ducato e la contea di Borgogna, la Piccardia, l'Artois e le Fiandre, a danno di Maria di Borgogna, figlia del Temerario.

Il 19 agosto 1477, la figlia di Carlo il Temerario sposò Massimiliano d'Asburgo, figlio dell'imperatore Federico III, con il quale era promessa sposa sin dal 1475. Di conseguenza, il ducato, in gran parte occupato dalla Francia dopo la morte di Carlo Magno, entrò a far parte della dinastia asburgica, essendo stato in precedenza in parte sotto il dominio feudale del Sacro Romano Impero. Nella guerra di successione borgognona (1477-1493), Massimiliano riuscì a far valere gran parte delle sue pretese all'eredità di Carlo il Temerario con la vittoria nella battaglia di Guinegate (1479), mentre la Francia poté detenere solo la Piccardia e l'attuale ducato di Borgogna. Quando Maria di Borgogna morì nel 1482, l'eredità borgognona fu infine trasferita agli Asburgo. Massimiliano, che regnò come guardiano del figlio minore Filippo, poté finalmente far valere il suo diritto alle Fiandre solo alla fine della guerra di successione borgognone con il trattato di Senlis (1493).

La posizione di potere degli Asburgo crebbe notevolmente a seguito della vittoria di gran parte dell'ex stato borgognone, ma sorse un conflitto latente con la Francia, che già pochi anni dopo scoppiò apertamente durante le guerre italiane e portò ad un conflitto asburgico-

▲ Nancy, agguato e uccisione del duca Carlo il Temerario. Disegno di Gustav Adolf Closs

francese che durò per secoli per la ripartizione degli oltre 100.000 chilometri quadrati che costituivano lo stato borgognone alla sua massima espansione.

Il figlio di Massimiliano e di Maria, Filippo d'Austria detto il bello, sposerà poi l'erede di Spagna, Giovanna detta la Pazza e sarà padre di Carlo V. Per due secoli il regno di Francia si ritroverà quindi circondato dai territori spagnoli: lungo i Pirenei a sud, la Franca Contea ad est ed i Paesi Bassi spagnoli a nord.

Per gli svizzeri invece la morte del duca di Borgogna, produsse uno strano mutamento di scena. Questi soldati, che da soli avevano sostenuto il peso della guerra, se ne rimasero inerti, come degli operai, i quali, finita o chiusa una fabbrica, si ritrovano licenziati indugiando lungo la strada, in attesa che qualcun altro gli offra un lavoro.

Rimesso Renato nella sua Nancy, il 7 gennaio le soldataglie svizzere fecero mestamente ritorno nelle loro valli e sui loro monti alla vita di

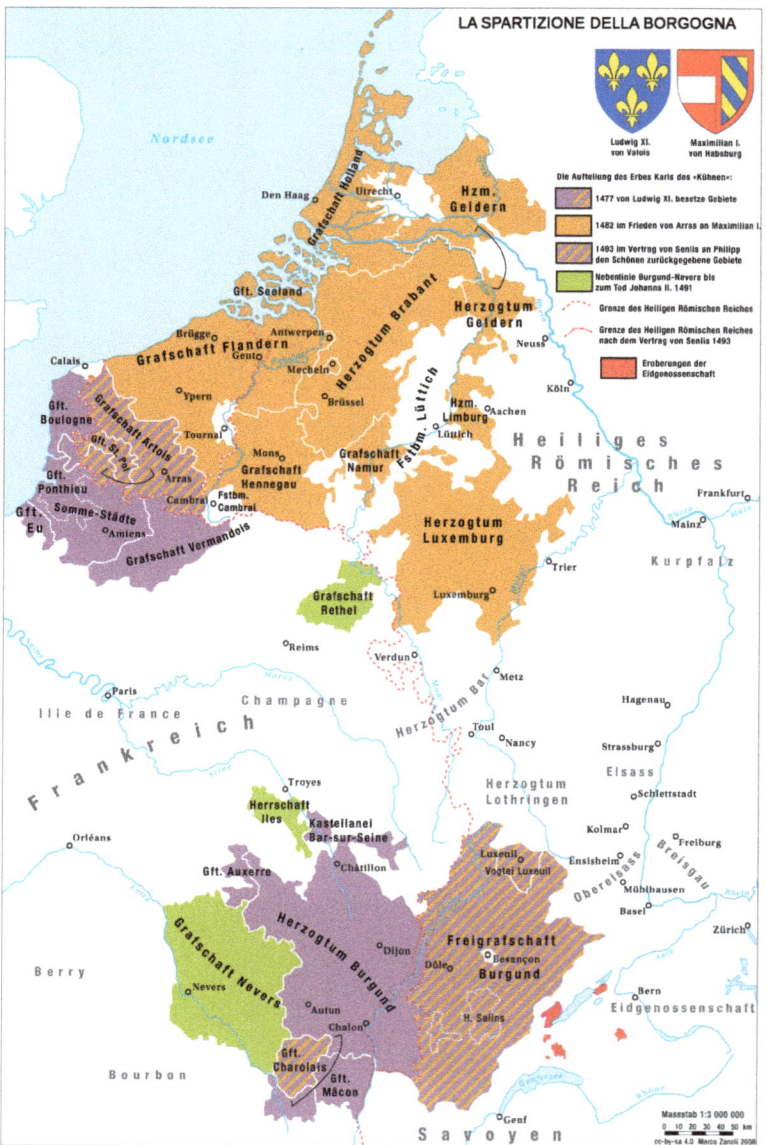

▲ La spartizione della Borgogna alla fine della guerra.
Courtesy Marco Zanoli Wikipedia

tutti i giorni. La Svizzera insomma non ottenne notevoli vantaggi territoriali ma la vittoria dei confederati su una delle più potenti forze militari d'Europa li fece assurgere ad una fama di quasi invincibilità e le guerre borgognone segnarono l'aumento di prestigio dei mercenari svizzeri sui campi di battaglia europei.

I beneficiari delle guerre borgognone non furono quindi la confederazione svizzera in conflitto, dalla quale la Savoia recuperava a buon mercato i territori perduti in Vaud.

Ma la Confederazione, rafforzata dalle vittorie contro la Borgogna, riuscì successivamente a resistere alla riforma imperiale di Massimiliano I e ad affermare la propria indipendenza all'interno dell'Impero durante la guerra sveva del 1499.

La caduta del nuovo stato borgognone aveva dimostrato che non c'era posto per un altro impero feudale sovrannazionale in Europa alle soglie dei tempi moderni. Il secolo borgognone si era alla fine concluso presto.

BIBLIOGRAFIA

Paul E. Martin, *"La confederazione svizzera nel Medioevo"*, cap. XI, vol. VI (Declino dell'impero e del papato e sviluppo degli stati nazionali) della Storia del Mondo Medievale, 1999, pp. 423–459.

R.G.D. Laffan, *"L'impero nel XV secolo"*, cap. VI, vol. VII (L'autunno del Medioevo e la nascita del mondo moderno) della Storia del Mondo Medievale, 1999, pp. 198–245.

Henri Pirenne, *"I Paesi Bassi"*, cap. XII, vol. VII (L'autunno del Medioevo e la nascita del mondo moderno) della Storia del Mondo Medievale, 1999, pp. 411–444.

C.H. Williams, *"Inghilterra: i re della casa di York, 1461-1485"*, cap. XIV, vol. VII (L'autunno del Medioevo e la nascita del mondo moderno) della Storia del Mondo Medievale, 1999, pp. 509–545.

Charles Petit-Dutaillis, *"Francia: Luigi XI"*, cap. XVIII, vol. VII (L'autunno del Medioevo e la nascita del mondo moderno) della Storia del Mondo Medievale, 1999, pp. 657–695.

Vaughan, Richard, *Charles the Bold: The Last Valois Duke of Burgundy*, London: Longman Group

Vaughan, Richard, *The Dukes of Burgundy [4-volume set]: Charles the Bold, John the Fearless, Philip the Bold, Philip the Good*

Deuchler, Florens, *Die Burgunderbeute: Inventar der Beutestücke aus den Schlachten von Grandson, Murten und Nancy 1476/1477* (in German), Bern: Verlag Stämpfli & Cie.

Henri Dubois: *Charles le Téméraire.* Fayard, Paris 2004.

Frederic P. Miller, Agnes F. Vandome *Burgundian Wars* 2003

Lambert M. Surhone, Miriam T. Timpledon *Swiss Mercenaries: Early Modern Europe, Battle of Bicocca, Battle of Marignano, Battle of Novara (1513), Italian Wars, Old Swiss Confederacy, Burgundian Wars, Hundred Years' War* 2010

Patrick Leukel *"all welt wil auf sein wider Burgundi": Das Reichsheer im Neusser Krieg 1474/75* (Krieg in der Geschichte)

Klaus Schelle: *Karl der Kühne: Burgund zwischen Lilienbanner und Reichsadler.* Magnus, Essen 1976.

Claudius Sieber-Lehmann: *Spätmittelalterlicher Nationalismus: die Burgunderkriege am Oberrhein und in der Eidgenossenschaft..* Vandenhoeck & Ruprecht, Göttingen 1995.

Hans Rudolf Kurz: *Schweizerschlachten. Zweite, bearbeitete und erweiterte Auflage. Francke*, Bern 1977.

Gottlieb Friedrich Ochsenbein: *Die Urkunden der Belagerung und Schlacht von Murten*, 1876,

Theodor Schön: *Wilhelm Herter von Herteneck.* In: Reutlinger Geschichtsblätter 5, 1894, S. 96

Luca Stefano Cristini: *Il grande armoriale del Toson d'Oro, vol. 1: I primi 25 cavalieri della fondazione di Bruges del 30 Gennaio 1430.* (Soldiers & Weapons 13)

Nicholas Michael *Osprey 144 - Armies of Medieval Burgundy (1364-1477).* (Men-at-Arms)

Douglas Miller *Osprey 94 - The Swiss at War 1300-1500* (Men-at-Arms)

Charles Alfred Kohler *Les Suisses Dans Les Guerres D'italie De 1506 À 1512.*

▲ Soldati svizzeri presenti alla battaglia di Morat. Da sinistra a destra e partendo dall'alto: Meilen e Kyburg, uni Winterthur e Greiffensee, Zurigo e Stein, Zurigo e Winterthur.

TITOLI PUBBLICATI - ALREADY PUBLISHING

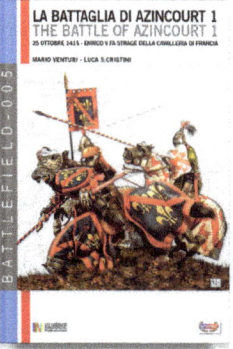
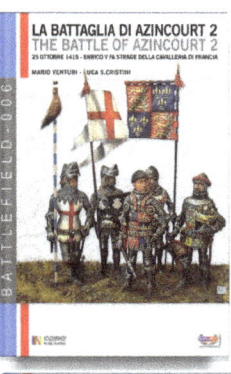
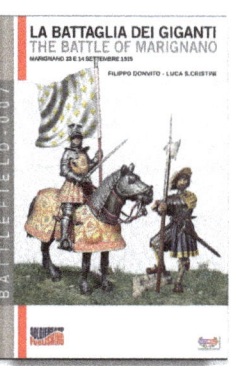
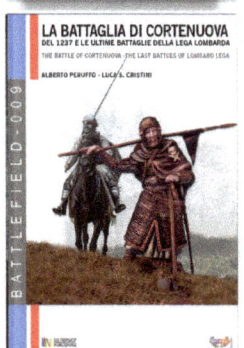
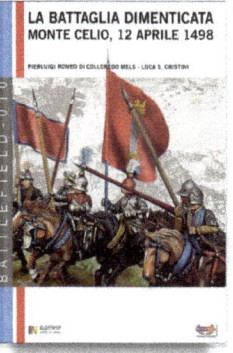
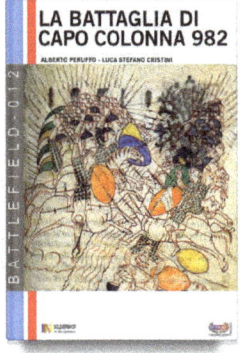
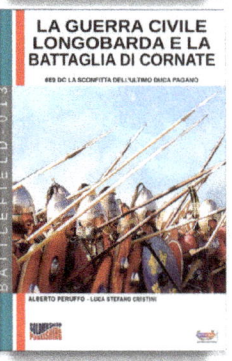

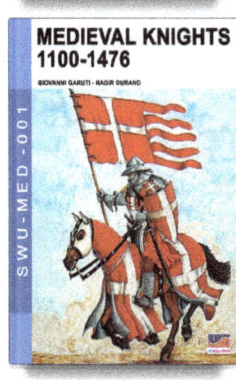

BATTLEFIELD 021